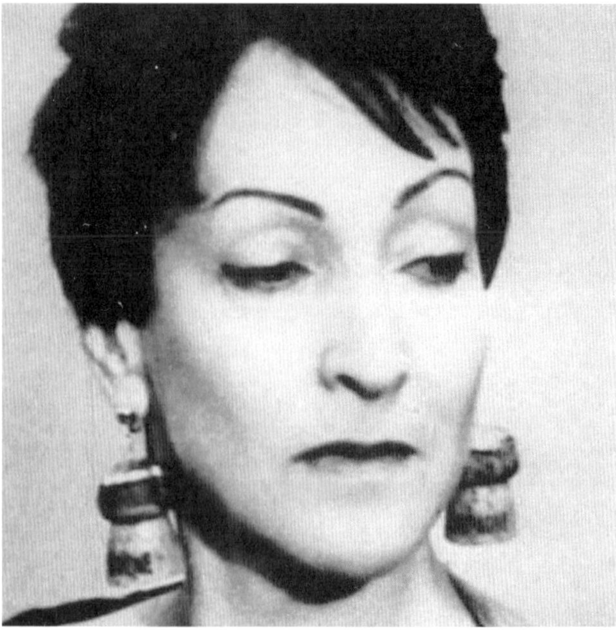

Meret Oppenheim, um 1958

Meret Oppenheim
»Warum ich meine Schuhe liebe«

Mode – Zeichnungen und Gedichte

Herausgegeben und mit einem Nachwort
von Christiane Meyer-Thoss

Insel Verlag

Insel-Bücherei Nr. 1374

»Warum ich meine Schuhe liebe«

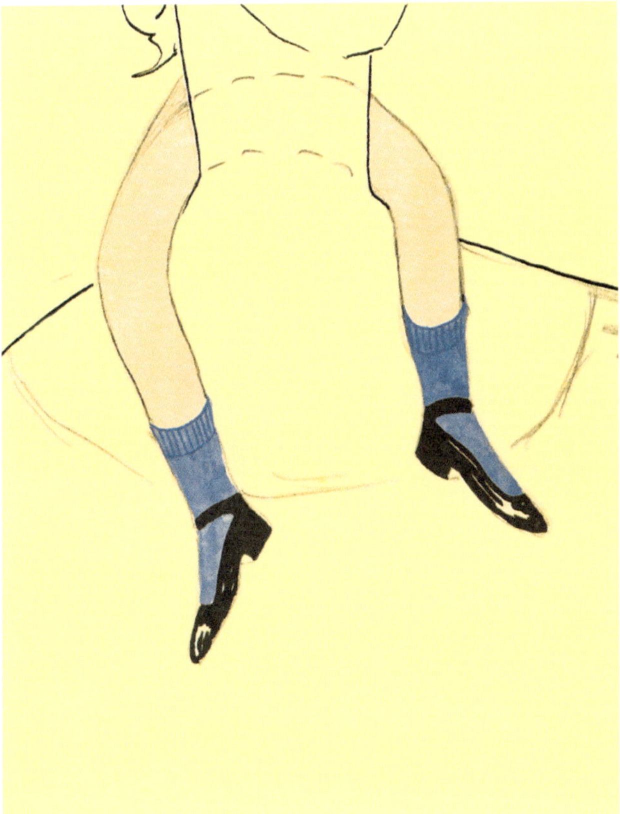

Entwurf für Halsband, 1934-36

Von Beeren nährt man sich
Mit dem Schuh verehrt man sich
Husch, husch, der schönste Vokal entleert sich.

1934

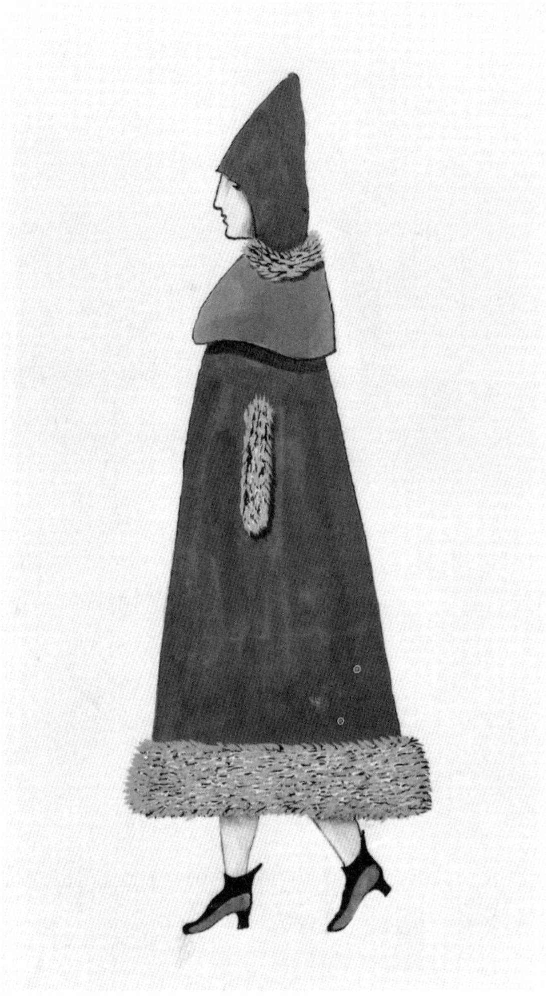

Entwurf für Cape, um 1936

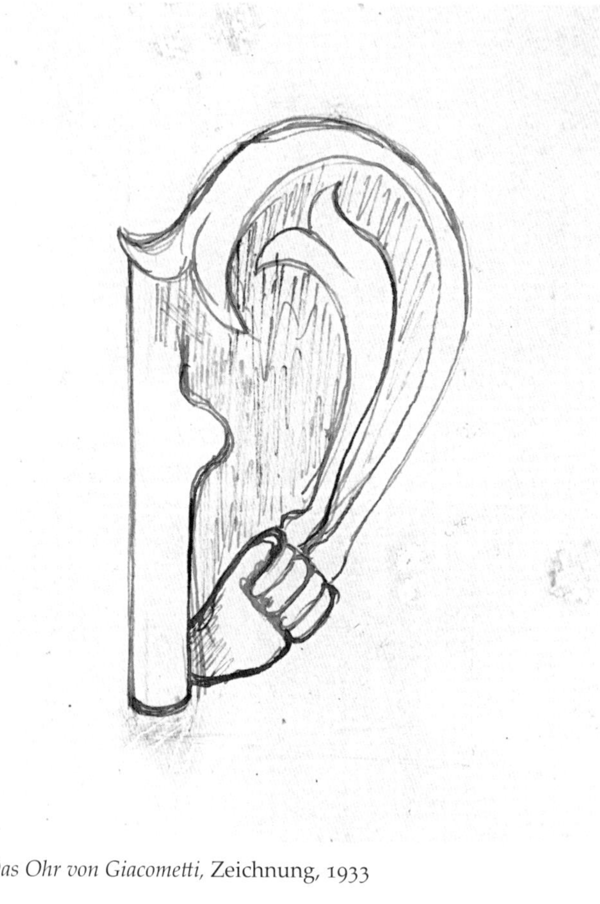

Das Ohr von Giacometti, Zeichnung, 1933

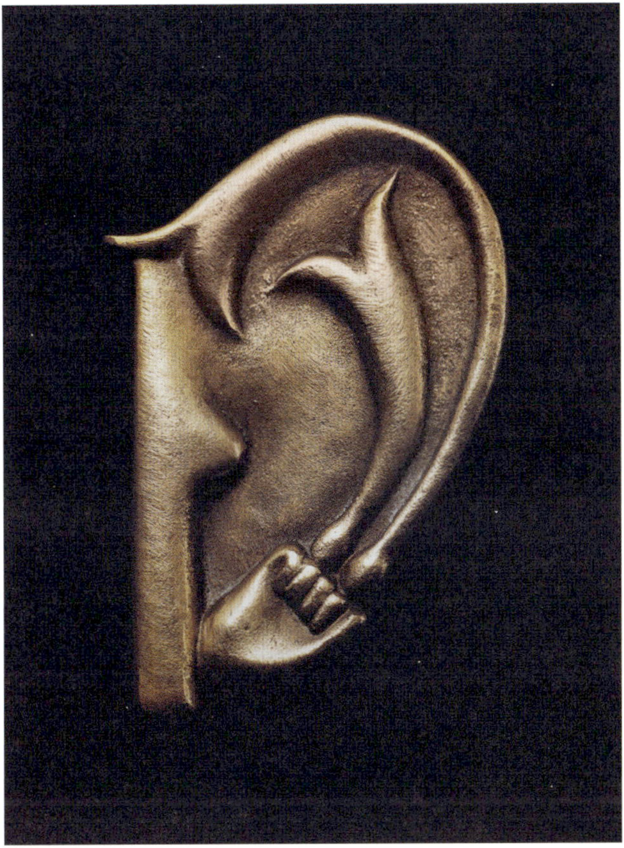

Das Ohr von Giacometti, Objekt, 1959

Dienstag.

Mein geliebtes Mipsli.

Danke dir für dein liebes Briefli. Ich bin froh dass es Euch allen soweit gut geht, u. ich hoffe Papa ist wieder ganz wohl.
Mir geht es gut. Das Zimmer ist etwas teurer als das letzte, dafür ist es ein besseres Hotel. Ich zahle 15 frs. pro Tag.
Ja, ich habe die Pelzringe verkauft, allerdings als Armbänder (Nicht dass die Pariserinnen so dünne Aermchen hätten, sondern ich habe die Ringe vergrössert.) [später von M. O. handschriftlich eingefügt: »das waren die Armbänder, die mir die Idee für die Pelztasse gaben«.]
Aber leider nicht »en stok« (sic) wie die letzten, sondern vorläufig zwei, u. wenn sie verkauft werden, muss ich erst neue machen. Ich verkaufe sie für 75 frs, also etwa 45 frs Reingewinn. Das ist natürlich viel, aber »avec ça je n'ai pas mangé«, u. deshalb muss ich so schnell wie möglich etwas neues finden.
Ich mache wahrscheinlich Gürtel aus Holz, elastisch, ca. 1 1/2 mm dick, u. (hoffentlich) sehr solid. 3-4 Schichten Fournirholz werden um eine runde Form geklebt. Nachher mit elastischem Lack stark lackiert. Und noch andere Sachen.

Ade liebes Schätzli, grüsse auch Papa vielmal. Schreib mir bitte wenn Kristinli kommt, ich muss es um etwas bitten.

Viele Küsse dein Itscheli

Palace Hotel
131 bis, Bd. St. Germain
Paris Vième.

Brief von Meret Oppenheim an ihre Mutter, Eva Oppenheim-Wenger

Juli 35

<u>Ringe</u> innen Holz (~~Buchs~~), mit Schlangen u.
Eidechshaut überzogen. grün, blau
rot, schwarz-weiss (Python), beige. Wasserfarbe Bourgois.
16-19mm Durchmesser. Querschnitt:
Holz – Leder: Kleister. Leder = Vernis (Mazou? Bourgeois.).
10-20 Privat.
50 Stk à 20 frs.
2 Stk à Saks & Comp. (Eidechs u. Python)
M.O. 2-3 frs. [Skizze]

Sept. 35
Dieses Armband gab mir die Idee für Pelztasse, Teller und Löffel!

<u>Armreifen</u>: Messingrohr. Durch-
messer 65mm u. weniger. 6-7cm breit
Ränder 1 1/2 mm breit, 1mm (gut) hoch.
mit Fell beklebt (»Chicot«. Sécotine) Seehund, Leopard.
Habe mein Armband 1959 Aube Elléouet Breton geschenkt.
Stck à 120 frs 2 Stck.
vergoldet
M.O. 20 frs. (ohne Fell).
Tilly Visser 1 Stk. à 70 frs.

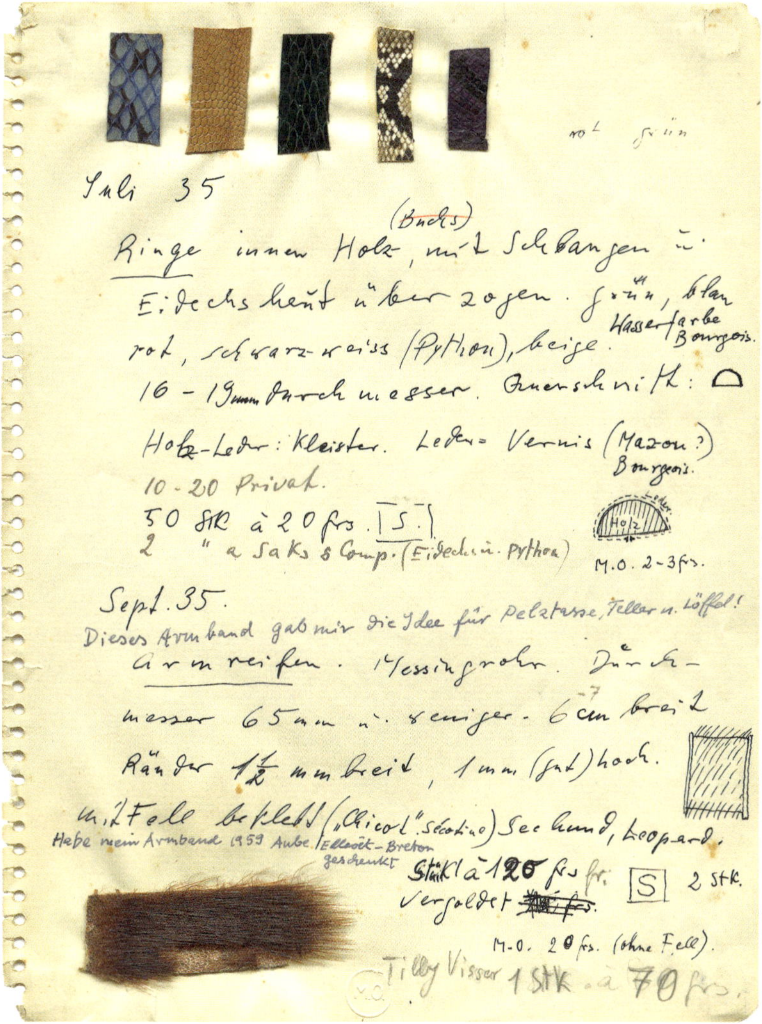
rot grün

Juli 35

(Bucks)

Ringe innen Holz, mit Schlangen u.
Eidechshaut überzogen. grün, blau
rot, schwarz-weiss (Python), beige. Wasserfarbe Bourgeois.
16 – 19mm Durchmesser. Querschnitt: D
Holz-Leder: Kleister. Leder = Vernis (Mazon?) Bourgeois.
10 - 20 Privat.
50 Stk à 20 frs. [S.]
2 " a Saks & Comp. (Eidechs u. Python)

Leder
Holz
M.O. 2-3 frs.

Sept. 35.
Dieses Armband gab mir die Idee für Pelztasse, Teller u. Löffel!
Armreifen. Messingrohr. Durchmesser 65mm u. weniger. 6 cm breit
Ränder 1½ mm breit, 1mm (gut) hoch.
mit Fell beklebt („Chicol" séchino) Seehund, Leopard.
Habe mein Armband 1959 Aube Elleouët-Breton geschenkt
Stück à 120 frs fr. [S] 2 Stk.
vergoldet frs.
M.O. 20 frs. (ohne Fell).
Tilly Visser 1 Stk. à 70 frs.

Skizzen und Notizen für Ringe und Armreifen, 1935

Weil er sich den Rücken kehrt
Verliert er
Über den Kaminen
Die roten Ecklein
Die roten Füchslein
Alle leben einsam
Sie zehren am längsten
Sie essen ihren Pelz.

1933

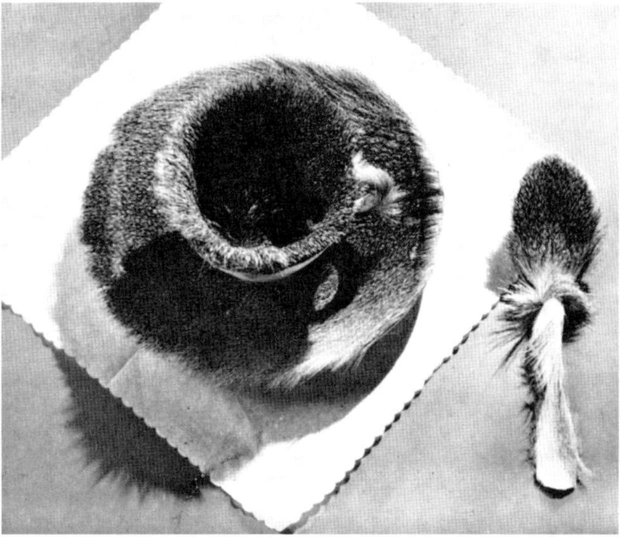

Déjeuner en fourrure, Objekt, 1936 Foto: Dora Maar

Paris, 26.3.33

Sonntags.
(Hier wurden gestern alle Uhren (aber das ist wahr!) 1 Stunde vorgerichtet. Haben wir jetzt die gleiche Zeit wie ihr? Es ist jetzt genau 10:05 u. bei Euch? hi hi hi)

Mein liebes Mipsli,
ich danke Dir vielmal für dein sehr liebes Briefli u. die Zeitungen u. das schöne gelbe Täschli. Ich habe sehr lachen müssen. Du bist ein Herziges. Denkst Du, es ist die richtige Grösse für die Karte?

Ich freue mich, dass es Euch allen gut geht, ich hatte ein wenig Angst.

Vom Politischen höre ich genug. Ich kaufe mir jetzt auch manchmal französische Zeitungen. Man sieht mehr daraus als aus unseren.
Mir geht es gut. Ich glaube es ist am besten so wie du geschrieben hast, mit dem Heimkommen. Ich bleibe auf alle Fälle einen Monat daheim. Wenn ich hier gehe, will ich das Zimmer aufgeben, u. dann später doch ein kleines Atelier nehmen. Es gibt jetzt sehr billige. Es ist zu wenig Licht in meinem Zimmer. Denn ich will jetzt doch manchmal malen. Und es ist auch schwer, grössere Sachen in einem kleinen Zimmer zu machen.
Ich habe wieder eine kleine Plastik gemacht. Wenn sie mir im Sommer noch gefällt will ich sie grösser ausfüh-

ren [M. O. fertigte drei Planskizzen zur Plastik *Urzeitvenus* an: eine Rücken- und eine Vorderansicht sowie die Draufsicht, und stellte ein kleines Gipsmodell her; die Realisation erfolgte 1962]: der Hals so, von oben gesehen, nat. Grösse. Eine Frau, angemalt. Heller Ocker u. die Striche blau.

Das Bild mit dem Balkon u. dem Auge ist schon übermalt, mit einem, das noch nicht fertig ist. Das von dem ich Kristinli schrieb ist auch noch nicht fertig, d. h. es ist schlecht u. ich weiss noch nicht wie es sein muss. Ich habe die letzten Tage nicht viel gearbeitet. Oder vielmehr lange und langweilig, ich habe die Frau ausgeführt.
Am liebsten wollte ich einen Arbeiter, der mir die Sachen macht, denn die Ideen sind deutlich genug u. ich bleibe an der Technik hängen. Aber ich habe doch schon die Frau, die ursprünglich Plastilin war in Gips umgiessen können, ohne dass es mir gezeigt wurde. (Da müsste man zuerst eine Form machen, dreiteilig). [drei illustrierende Skizzen]

Entschuldige das Papier, ich habe keines mehr. Ich muss morgen kaufen.
Ich kenne jetzt die Frau von Resport, ich lasse mir wahrscheinlich etwas dort machen. Könnte wohl Kristinli mein hellblaues Jerseykleid mitbringen? Hier ist das Reinigen billiger, u. dann könnte man etwas draus machen.
Wann bekomme ich das Geld? Ich will es nur wissen,

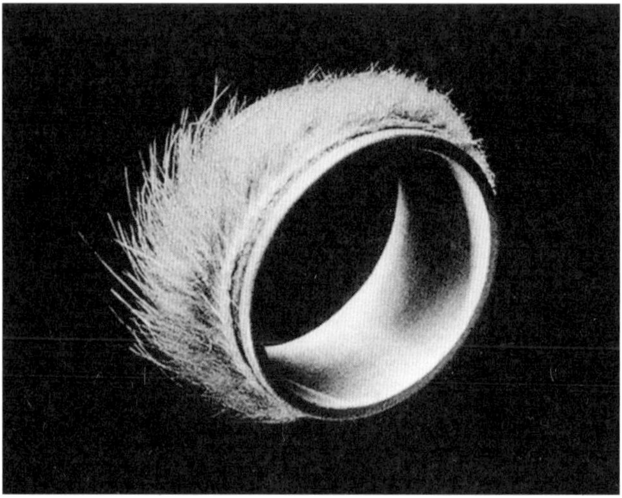

Fingerring, 1978

ich habe noch 150 Franken. Denn wenn ich mich nicht irre, war es nur für einen halben Monat, u. für Carte d'Identité u. Kleid. Aber jetzt habe ich eben einen ganzen Monat davon gelebt, u. somit »an Karte u. Kleid gezehrt«. (Ich rechne von 23. zu 23., wegen der Hotelrechnung). Ich merke, dass ich mich immerfort verschreibe. Woher kommt das denn?

Giacometti sehe ich immer noch. Er ist ein paar Tage verreist, aber muss bald wiederkommen, wenn er nicht schon da ist.

Ich freue mich sehr heimzukommen. Hier waren jetzt auch ein paar schöne u. warme Tage. Aber ich weiss jetzt, warum es nicht unnötig ist hier zu sein. Denn wenn ich auch nicht einen speziellen Lehrer habe, so habe ich doch viele, dadurch, dass ich hier viel sehe u. höre. Denn wenn man natürlich auch im Urwald zu den gleichen Resultaten kommen kann, so ist es doch viel mühsamer als in einer Atmosphäre, die einen anregt. Es geht schneller. Also Ade, mein Liebes, Gutes. Grüsse das liebe Pipsli vielmal von mir, auch Stöffi. Es hat Dich lieb

Dein Itscheli

Brief von Meret Oppenheim an Eva Oppenheim-Wenger

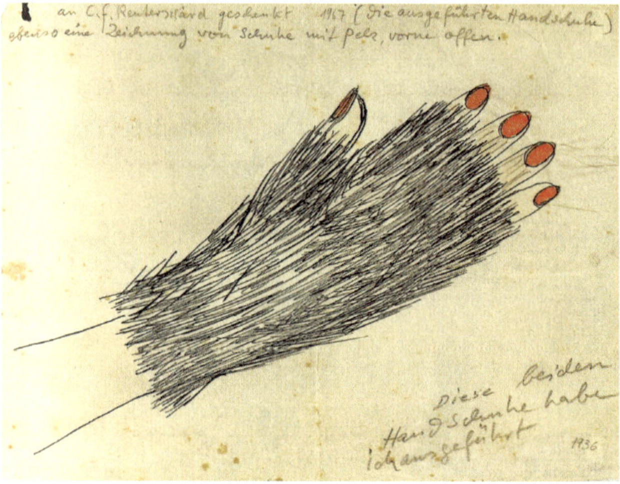

Entwurf für Handschuhe, 1936

an C. F. Reuterswärd geschenkt 1967 (die ausgeführten Handschuhe) ebenso eine Zeichnung von Schuhe mit Pelz, vorne offen.

Diese beiden Handschuhe habe ich ausgeführt

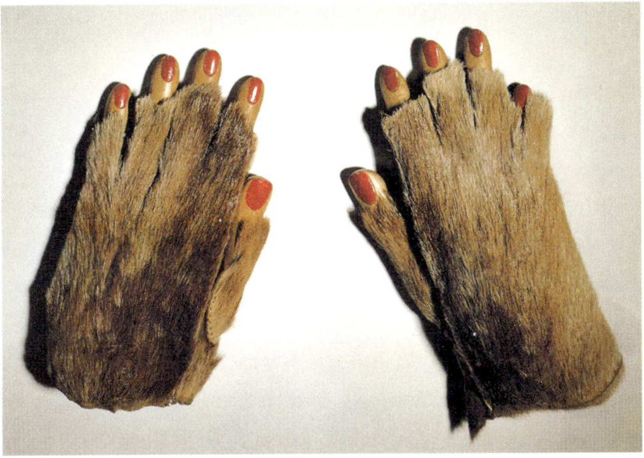

Pelzhandschuhe mit Holzfingern, 1936

Paris, im Juli 1935

Liebes Mipsli!
Danke Dir für deinen Brief u. die Photo.
Es geht mir sehr gut, besonders jetzt wo ich ein wenig Geld verdient habe. (Ich habe für 900 frs (franz.) Ringe an die Schiaparelli verkauft.) Gott sei Dank, denn ich hatte eine Zeit lang kein Geld u. machte Schulden.

Es geht mir gut auch innerlich u. es ist nicht nötig mit Jung zu sprechen. Ich habe nicht den Eindruck dass es gut sein würde. [Anm.: Die pers. Konsultation Oppenheims durch C. G. Jung auf Wunsch des Vaters fand dann wenige Monate später doch noch statt. Jung formulierte seine Einschätzung in einem Brief an E. A. Oppenheim; siehe dazu auch: Meret Oppenheim, »Träume, Aufzeichnungen«, Frankfurt am Main 2010, S. 87 f.] Übrigens liegt es an ganz konkreten Sachen wenn ich traurig bin. In Basel weil ich keine Freunde habe u. hauptsächlich weil ich nicht arbeite. Du musst mich zu Hause immer zum arbeiten anhalten.

Schreibe mir bitte wann Ihr nach Carona fahrt, damit ich zur Zeit heimkomme. Ade mein liebes Herzli u. grüsse Pipsli vielmal.
Es küsst dich dein Itscheli

Brief von Meret Oppenheim an Eva Oppenheim-Wenger

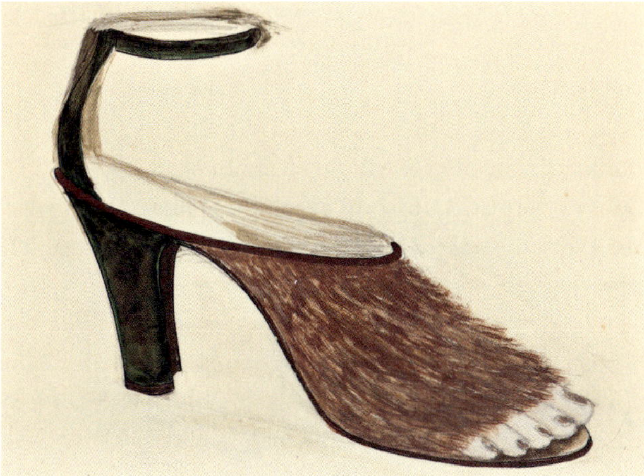

Skizze für Sandale mit Pelz, 1936

23.V.34

Liebes Mipsli,

Danke dir für dein Kärtli aus Königfeld.
Geht es dir gut? U. bist du vergnügt? Hier ist kein schönes Wetter, es regnet nicht aber es ist immer grau. Ich wäre so froh, wenn der Sommer käme.
Danke dir auch für den Zeitungsausschnitt über die Schmetterlingszucht. Ich habe 3 neue Bilder gemacht u. 2 angefangen. Das grösste ist 150 hoch. Ich kanns nicht gut beschreiben. Sie sind »abstrakter« als das kleine, das ich zu Hause gemalt habe. [kl. Skizze zum Ölbild *Sie versuchen, hinabzusteigen*, 1934] z. B. so: Das Bild ist mit weissem Ripolin (ganz glänzige Anstreicher-Farbe) übermalt, der diagonale Streifen ist hellgelb, u. die Pünktchen sind weisse Knöpfe. Es heisst »Ils essayent à (de) descendre«. Das grosse Bild ist ganz grün, wie ein Gartentisch, darauf ist ein Fell gespannt, d. h. unsichtbar, man sieht nur die Härchen (braun). Unten ist ein Pilz aus imitiertem Fell u. eine Decoration. Ich beschreibe dir das, weil du gefragt hast.
Wann schickst du mir das Geld? Ich hoffe nicht, dass ich mich geirrt habe, aber als ich (am 14.ten) wegging, gabst du mir für 3 Mon. Miete 200, für Kleid. u. 1. Monat Leben nochmal ca. 300. Bitte schreib mir wie es ist. Ist Pipsli noch weg? Heut ist Vernissage für eine Ausstellung Kandinsky. Ich gehe auch hin. Ich bin eingeladen, mit den

Sürrealisten in Toulouse auszustellen. Jetzt erscheint gleich ein Heft, mit einer Reproduktion von dem blauen Kopf aus Holz, mit dem weissen Fischli. Ich schicke Dir eins, wenn du willst. Hat Grosshüsi eigentlich das Buch von Man Ray bekommen?
Kannst Du mir die Adresse von Jung schicken. Jemand frug mich danach, der eine Bekannte von ihm will behandeln lassen. Er komme scheints in ca 14 Tagen hierher. Ich war in einem lustigen Film gestern von Field. Wenn er nach Basel kommt, geh auch hin. Dieser hiess »Dollars and Whisky« u. einer der noch besser sein soll, vom gleichen, »Million Dollar legs«. (Ich weiss nicht wie mans schreibt). Im gleichen Programm wurde ein surrealistischer Film gespielt »Un chien andalou« von Bunuel, sehr gut, manchmal furchtbar grausig.
Ade mein Liebes, ich muss mich anziehn um in besagte Vernissage zu gehen. Viele viele Küsse. Es hat dich lieb
dein Itscheli

Wenn Papa zurück ist, sage ihm auch viele Grüsse u. Kristinli u. Hüsi.
Ich habe meine kleine Füllfeder wiedergefunden, u. wenn du willst, gebe ich dir die grüne Parker wieder.

Brief von Meret Oppenheim an Eva Oppenheim-Wenger

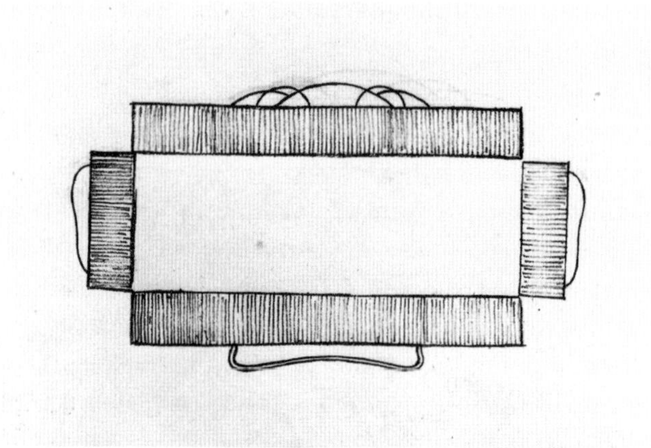

Grundriß für »Urzeitvenus«, Skizze, 1933

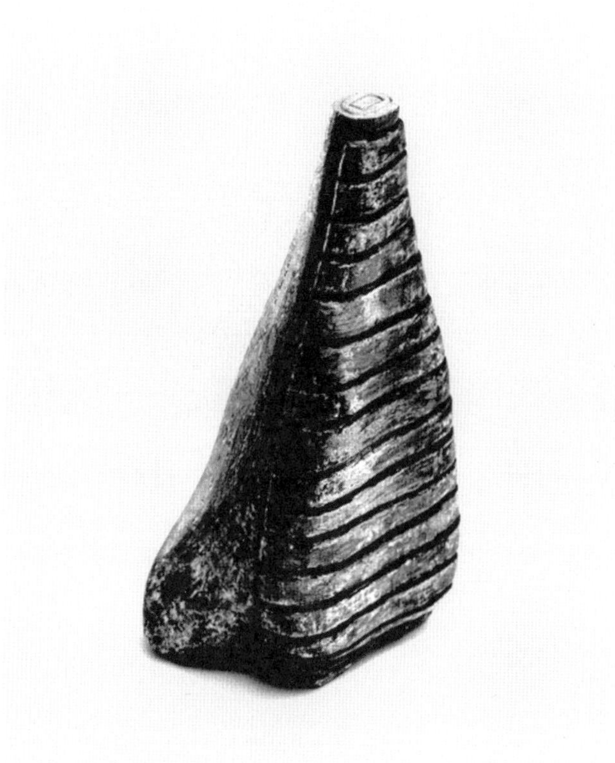

Modell für »Urzeit-Venus«, 1962

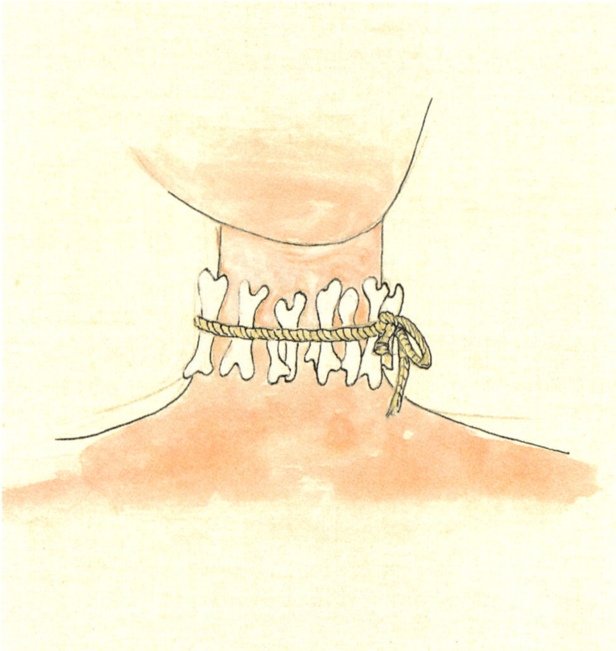

Entwurf für ein Halsband, 1934-36

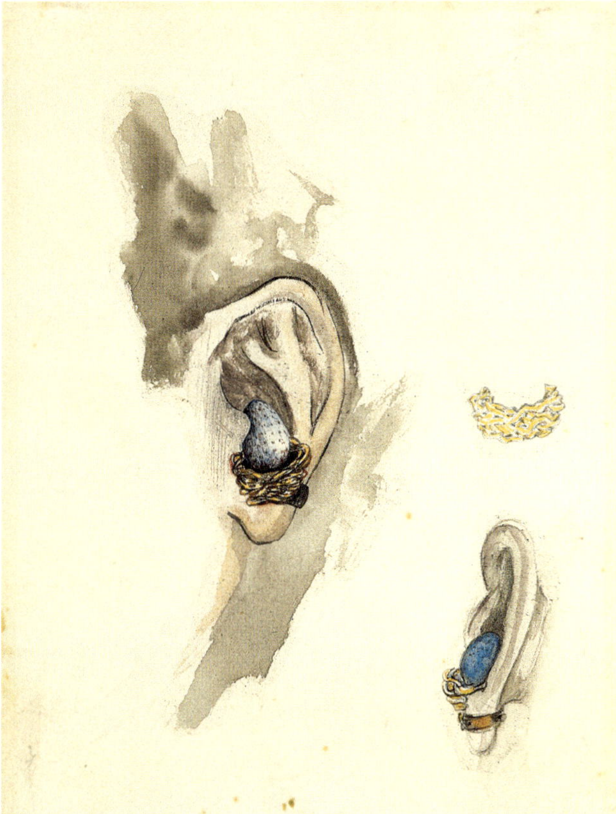

Entwurf für Ohrschmuck (Vogelnest mit emailliertem Ei), 1942

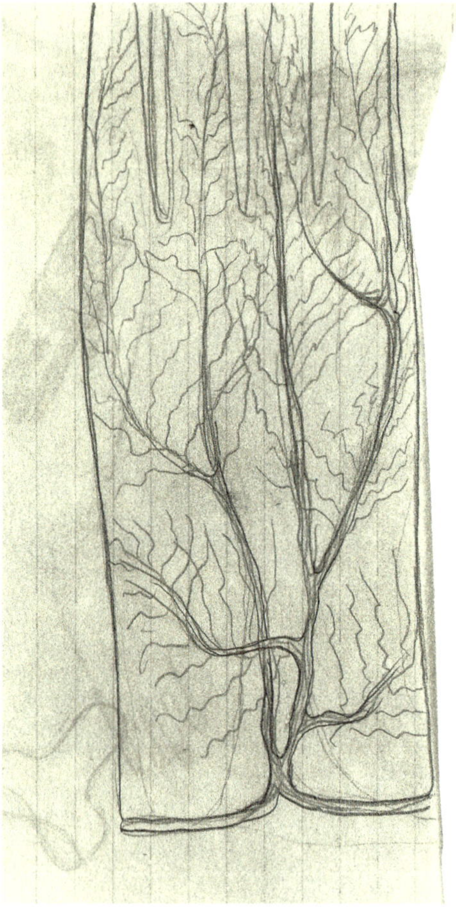

Entwurf für Handschuhe mit Adern, 1942-45

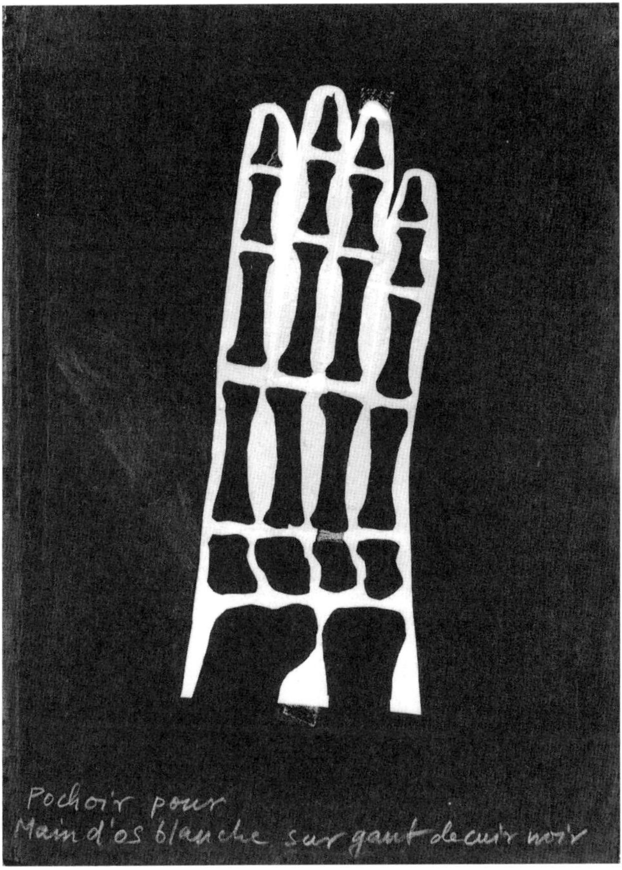

Schablone für weiße Knochenhand auf schwarzem Lederhandschuh, 1936

sac de soir (stalactites et neige)
fleur tenu par une
chaine
au lobe
de l'oreille [Skizzen]

Parapluie or-beige

gants
Décalcomanies; étoffe avec mouches

Boutons. bas de perles
Boutons marbres:
costumes de bain
herbe (raffia vert)
voile avec paille
Pullo chat

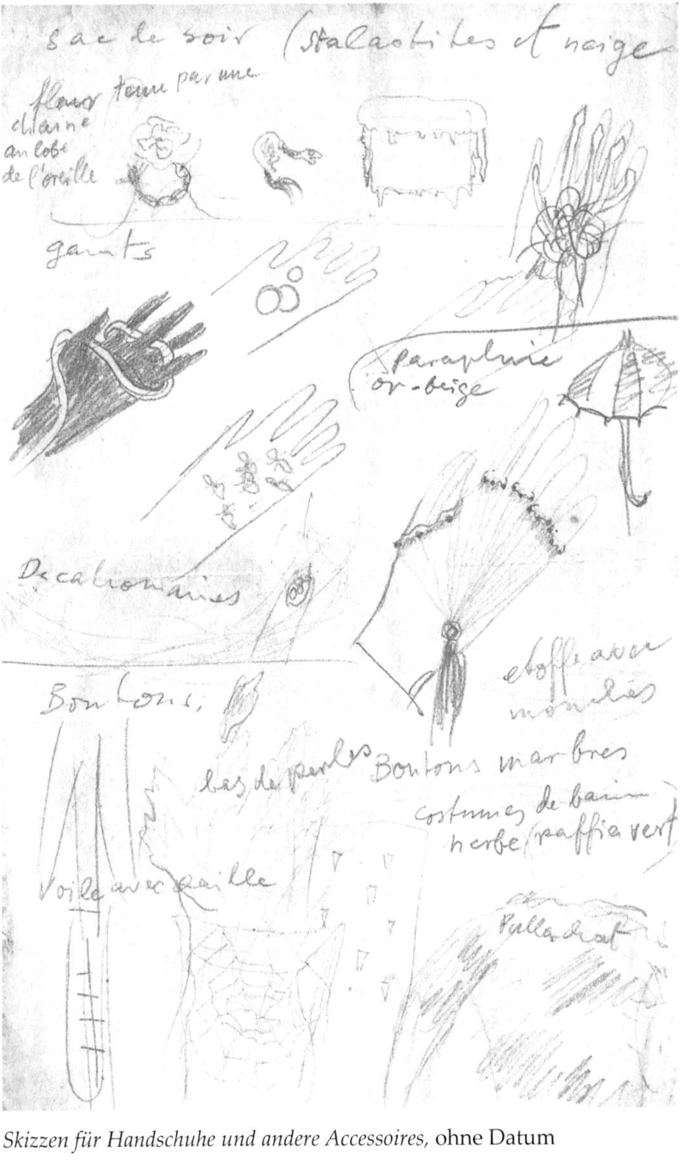

Skizzen für Handschuhe und andere Accessoires, ohne Datum

 Ceinture; bois;
prise

chaussures
chauss. pantalons

chapeaux: contonc mousse (beret avec auréole de c.-eponge)

calotte de liege

chapeau en bois [Butterdose]
assiette bois mit Stoff od.? Gitter unterklebt.

chapeaux marin en soie huilé; essayer forme assiettes

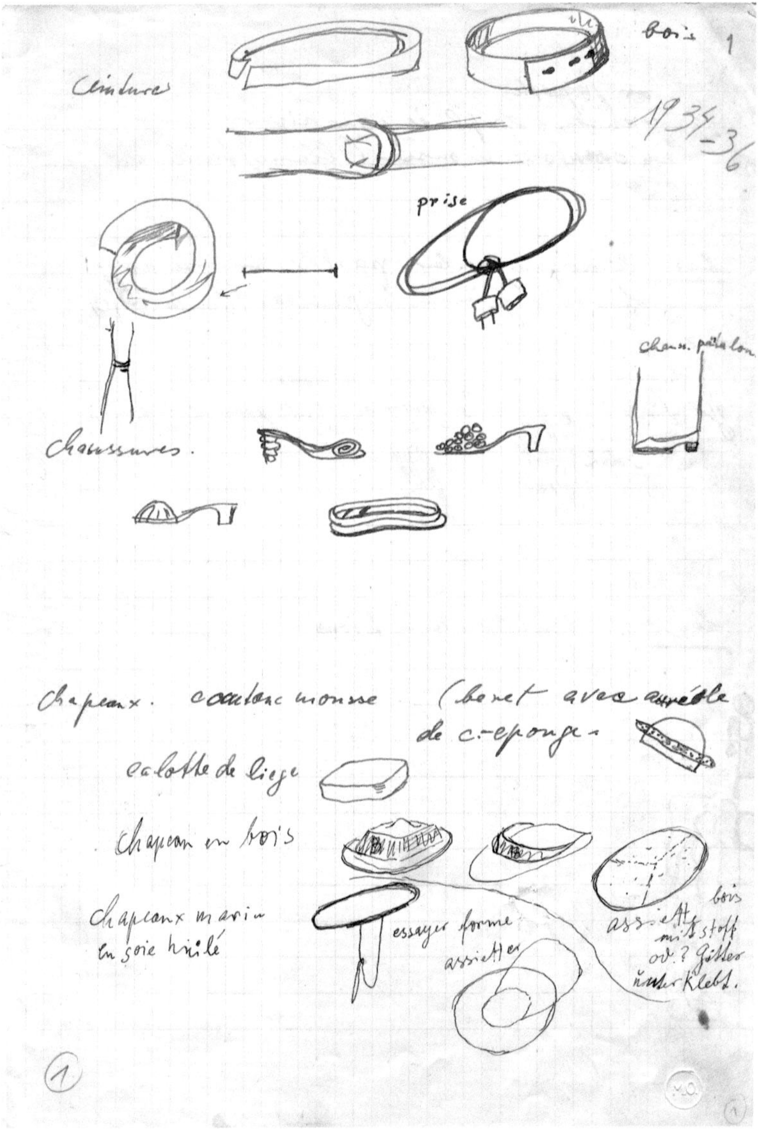

Entwürfe für Gürtel, Schuhe und Hüte, 1934-36

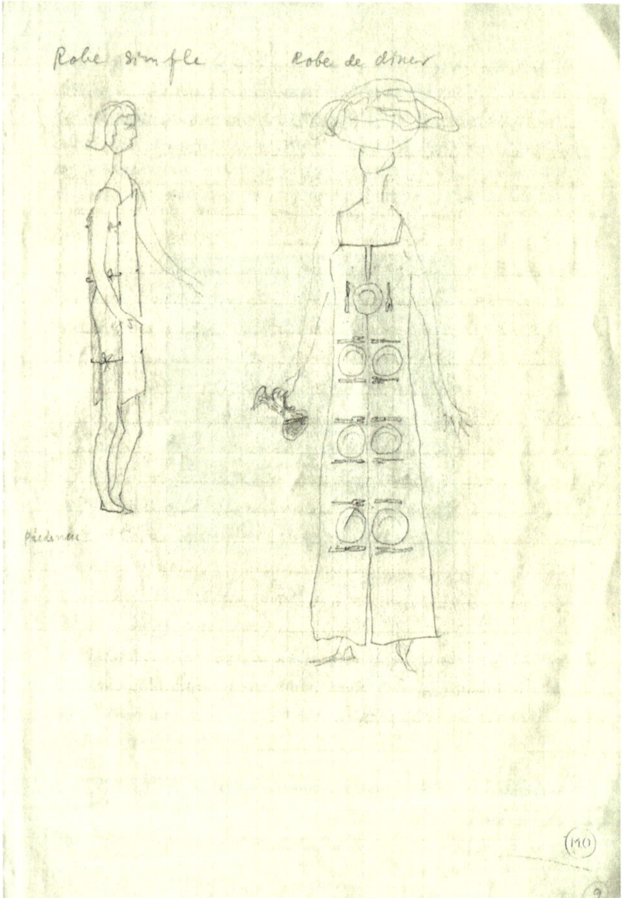

Robe simple, Robe de dîner, Skizzen, 1942-45

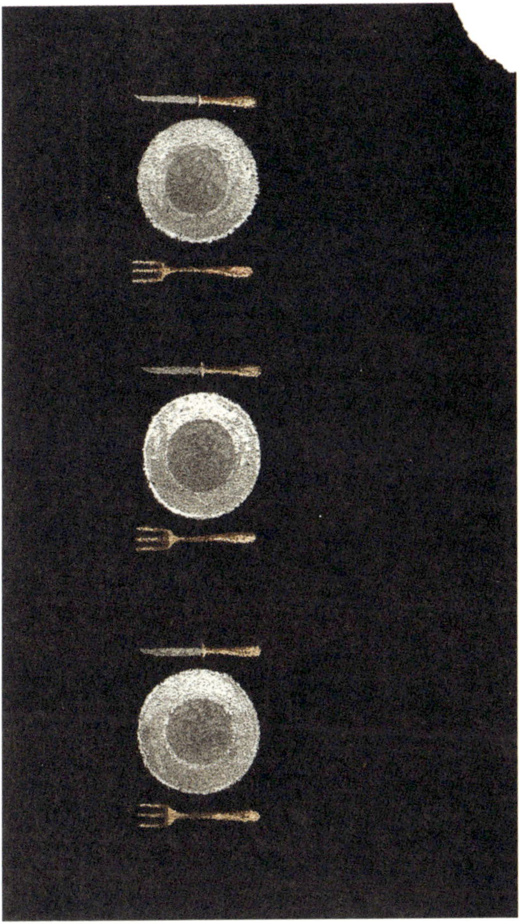

Knöpfe für eine Abendjacke (Besteck mit Goldfaden gestickt), 1942-45

1. Knöpfe

2. Marmor eben od. gewölbt
in Messingfassung (od. Silber)

3.

4. Stoffknöpfe aus Samt
mit Vogelaugen oder Tieraugen

5. Stoffknöpfe mit Perlen

6. Händchen aus Holz
oder Porzellan
die ins Knopfloch greifen

7. Tellerchen
Besteck Gold od. Silber gestickt
für Abendjacke

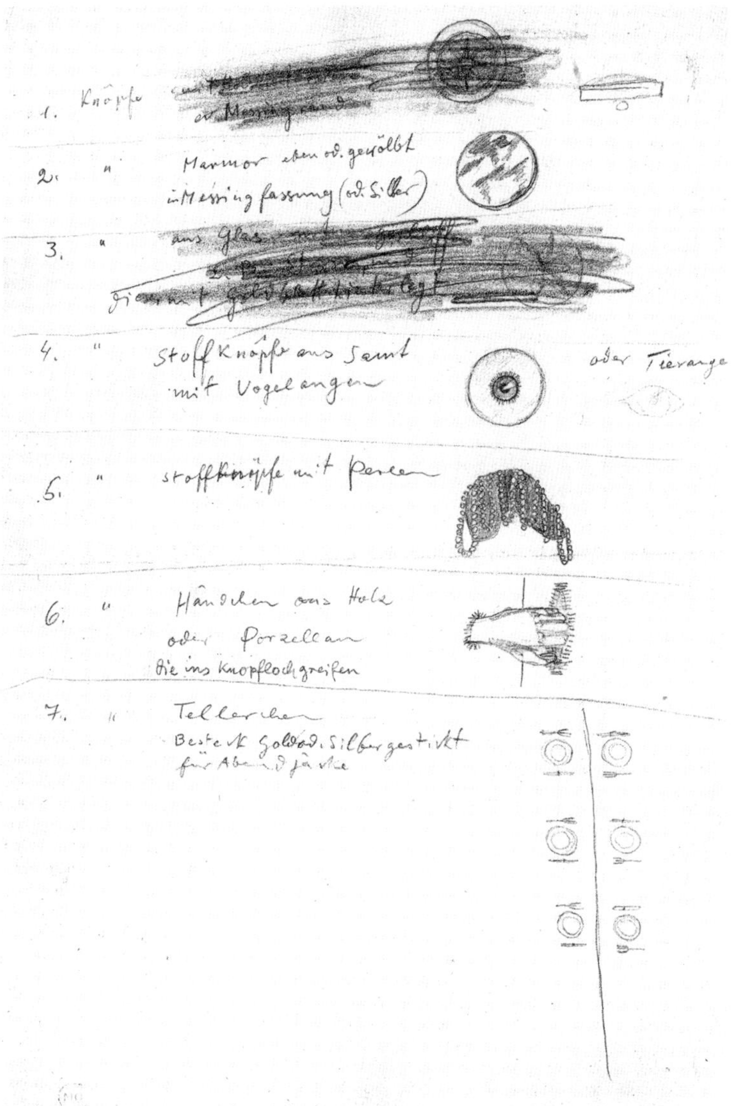

Skizzen für Knöpfe, ohne Datum

Seide u. Perlen

gedrechseltes Holz

Kieselsteine (poliert)

Rand Seide (~~rot od. weiss, schwarz, grau~~ x-beliebig)
Stern aus Stroh.

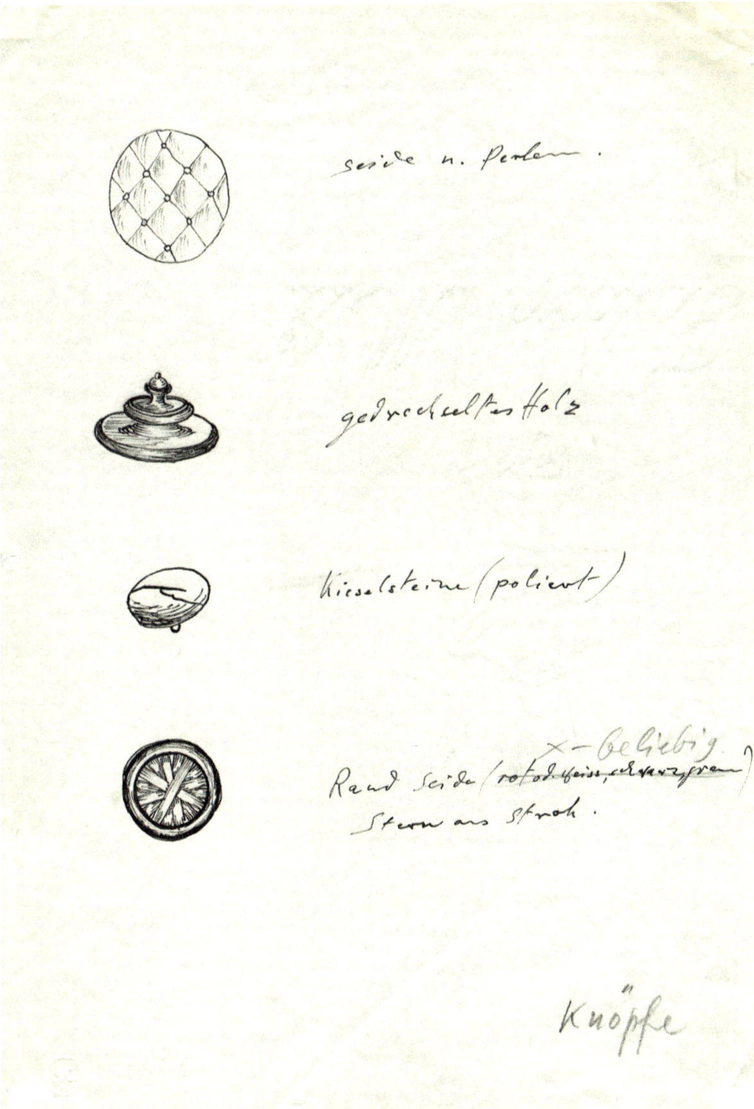

Entwürfe für Knöpfe, ohne Datum

Oh große Ränder an meiner Zukunft Hut! Wie sprießen die Blumen, der Himmel wälzt sich im Meer. Die Fische tragen seinen Schleier, und ohne die Korallen zu verletzen, eilen sie hurtig von Stein zu Stein und saugen den Quallen ihren Honig aus, um ihn auf ungehobelten Brettern ihrem König darzubringen. Seine goldnen Tressen klettern an ihm auf und ab, die Ringe rollen um sein breites Haupt, seine Füße werden von seinen Händen liebkost, und die Sonne selbst erwärmt sein Herz.

1943

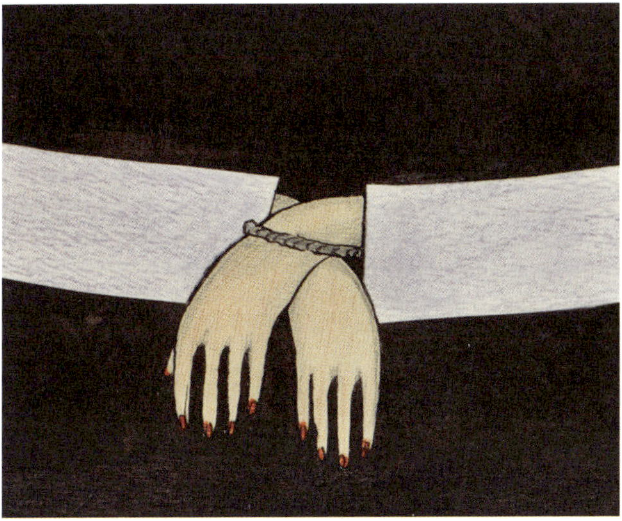

Entwurf für einen Gürtel, ohne Datum

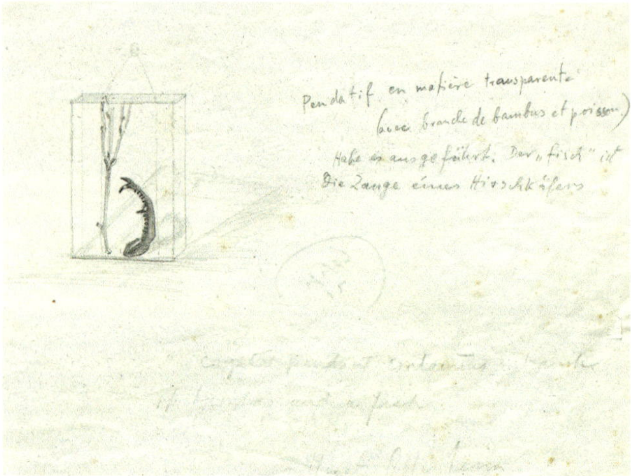

Skizze für einen Anhänger (aus transparentem Material, mit Bambuszweig und »Fisch«), 1937

Pendatif en matière transparente
(avec branche de bambus et poisson)
Habe es ausgeführt. Der »Fisch« ist
die Zange eines Hirschkäfers.

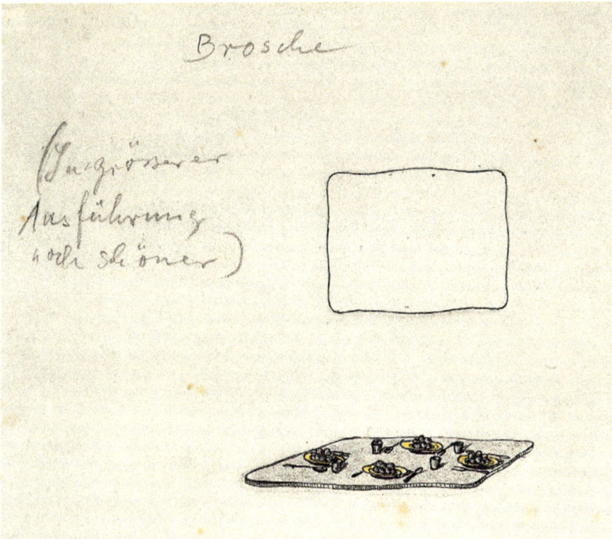

Entwurf für eine Brosche, ohne Datum

Brosche

(In grösserer Ausführung noch schöner)

 Clips.
Clips doré jaune, vert, rouge; grand baguettes en bois,
clair et foncé.

bagues.
[mit versch. Lebensmitteln:
Käse, Würfelzucker etc.]

bracelets
metalldoré, couvert fogue; corde colon couvert, bonts metalldoré

à l'origine de la »tasse en fourrure«!

J'ai donne ce bracelet à Aube Breton-Elléonet
(D'autres ont été
vendu chez Schiaparelli, Paris)

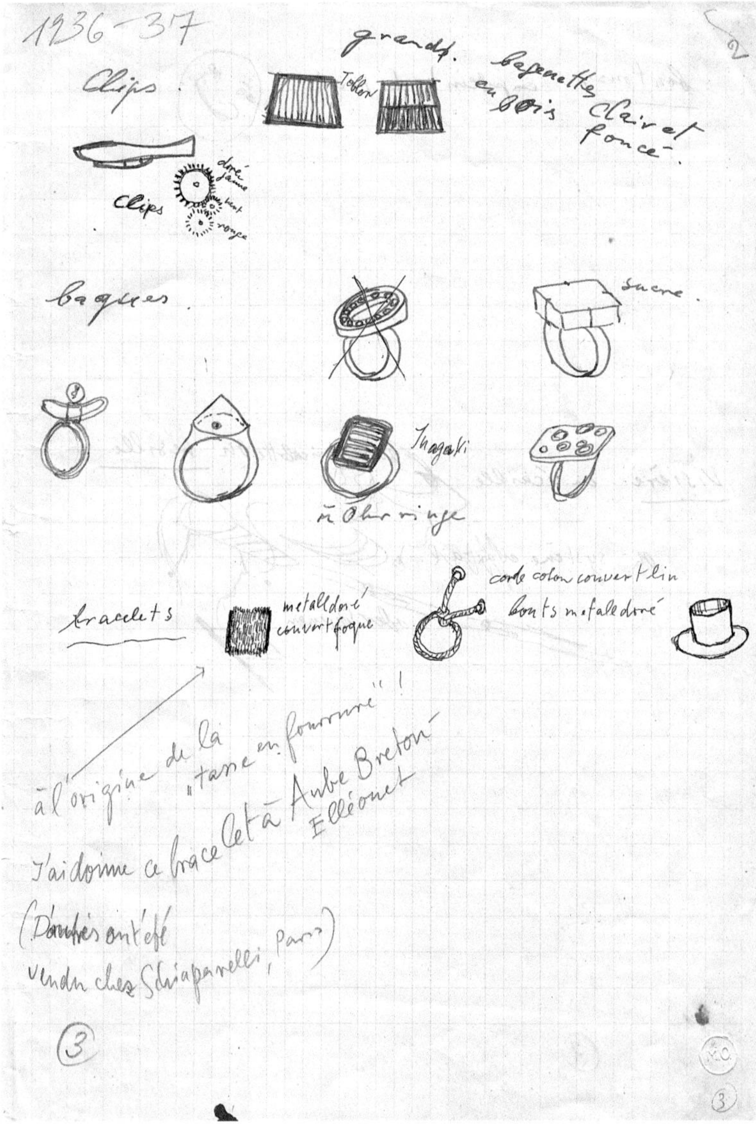

Entwürfe für Accessoires, 1936-37

Am Anfang ist das Ende
der Vulkan überhäuft uns mit Geschenken
wie traurig waren wir
der Himmel tropft auf die Teller
das Gras sinkt herab mit Tau bedeckt
Halleluja Schabernack und kein Ende
die Schelmen blasen die Schelmei
zaghaft liegen die Wasserrosen und schlagen
die Augen auf und zu
die Reusen sind leer
der schwarze Sack ist voll
was dem Apfel die Kerne sind der Erde die Ameisen
kein Geräusch ist hörbar nur die Mondsichel steht
am Himmel
das Feuerwerk knallt und die Nacht ist
paillettenübersät.

1970

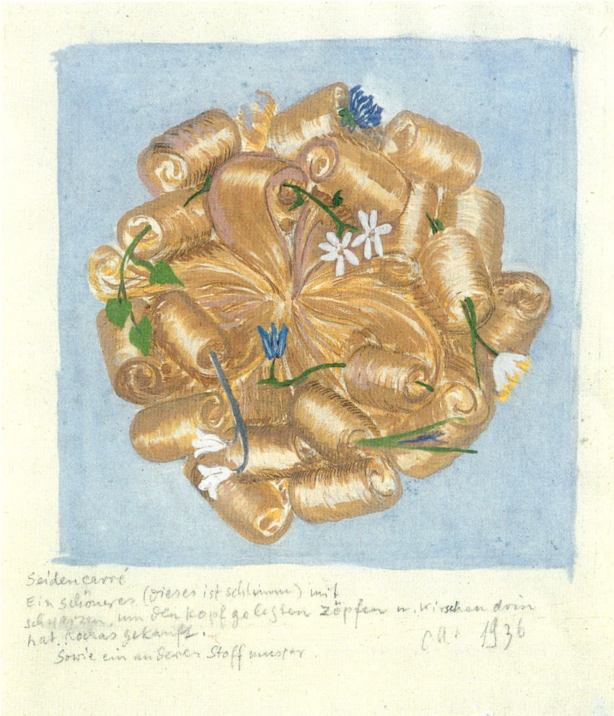

Entwurf für ein Seidencarré, um 1936

Seidencarré
Ein schöneres (dieses ist schlimm) mit
schwarzen, um den Kopf gelegten Zöpfen m. Kirschen drin
hat Rochas gekauft.
Sowie ein anderes Stoffmuster.

Tailleur »strikte« avec »Tatouages« en lamé ou tôle or
accrochés aux oreilles

chapeau rouge

Pantalon plage tout en Boules de lièges rouges mat laiteux(?)

paille
cape de soir
avec griffes
(un peu rembourré
ongles argents,
bleu nuit)
la patte est à
rabattre sur
l'épaule [Skizze]

sandales robe de soir longe (droite) foncée

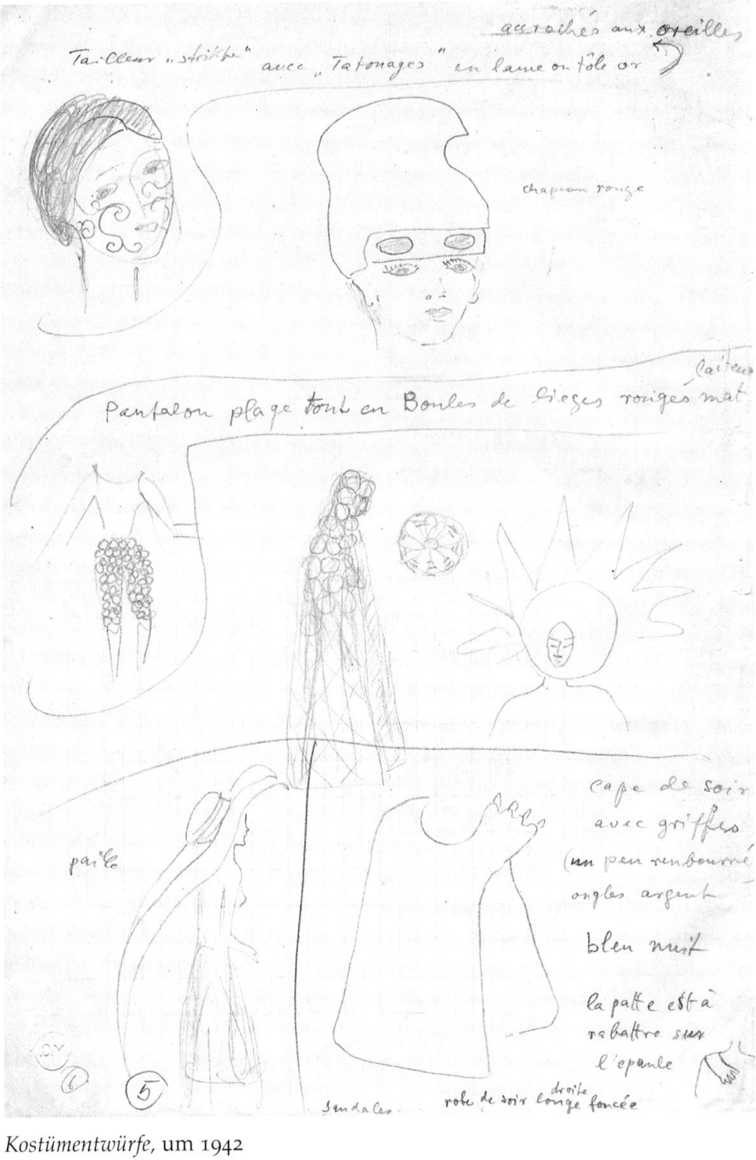

Kostümentwürfe, um 1942

 cape 3/4 feuilles très clair sur tulle metallisée
chapeau ou capuchon
mêmes feuilles
brandages

queue de lézard sortant sous la cape; robe brune

chapeau
gueule de chien avec langue
tulle mauve foncée

slip mandrill
paillettes bleues et bord fourrures greige
les fosses peuvent être très maquillées ou étoffe-voile coloré
(à montrer par mannequin
»en train« de lever jupon par-dessus
la tête)

moyen age

poil

pullover avec »poches« pour seins

moyen age
soutien gorge et slip noir et orange
ou blanc-violet etc. l'étoffe d'une
autre couleur passe par les fentes

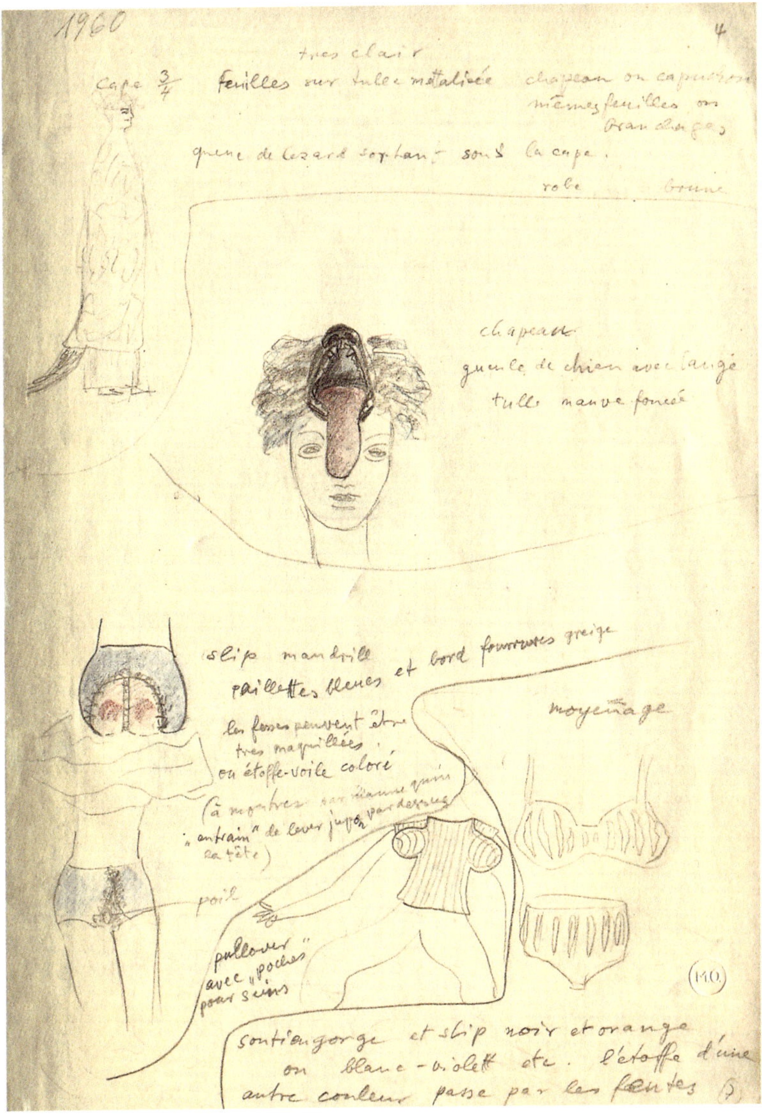

Entwürfe für Cape, Hut und Varieté-Damenwäsche, um 1942

Kacherache, panache,
Lob dem schüchternen Wallachen.
Langsam naht er – kommt oder kommt nicht.
Aber sicher ist, daß man ihn übersieht.
So verlangts der gute Ton.

Ich kenne ihn.
Er reicht dir die Hand zum Gruß und zieht sie
nicht zurück, obwohl sie stinkt. Auf der Straße
beißt er dich in die Wade.
Der Königin von England hat er ein Taschentuch
geschenkt.

Wir wollen lebenslänglich Stühle flechten.

1933

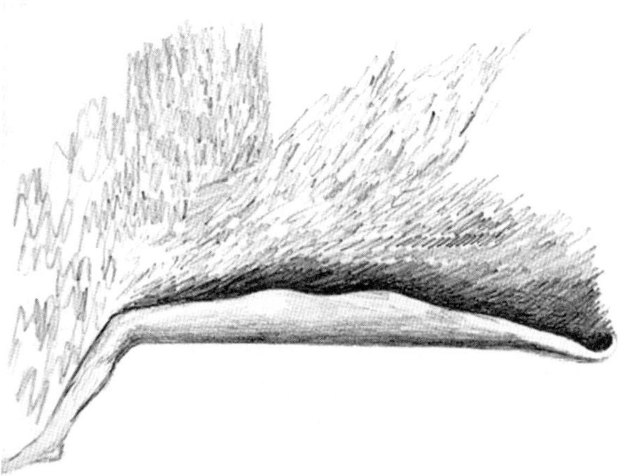

Love, Bleistiftzeichnung, 1962

 Meret Oppenheim zeigte sich auch in späteren Jahren gelegentlich für Realisationen ihrer Mode-Ideen ansprechbar. Die Papierfabrik Feldmühle AG, Düsseldorf, beschäftigte sich in den sechziger Jahren intensiv mit der Entwicklung eines Materials zum Zwecke der Herstellung von Papierkleidern und bat Meret Oppenheim 1967 um einige Entwürfe für *Papierkleider-Kollektionen* aus Vlies-Stoff. Mit den ausgefallenen Entwürfen hoffte man, interessierten Modeherstellern und Designern die Vielseitigkeit des Materials präsentieren zu können.

Dem Briefwechsel Oppenheims mit einem Vertreter der Firma ist zu entnehmen, daß es ihr vornehmlich auf die »originellsten Accessoires, Riesenkragen, Spitzen, ein knöpfbarer Phantasieärmel, kleine lustige klebende Sachen (selbstklebend natürlich)« ankam. Als ein Accessoire betrachtete sie auch den Geruch des Stoffes: »Der goldene Vliesstoff hat einen äusserst angenehmen Geruch. Es wäre vielleicht eine Idee, alles mit diesem Duftstoff – und auch mit anderen – zu versehen? – Was ist es wohl – Wachs – Honig? Mich würde schon nur dieser Geruch beim Kauf entscheidend beeinflussen!«, versichert Meret Oppenheim ihrem Auftraggeber.

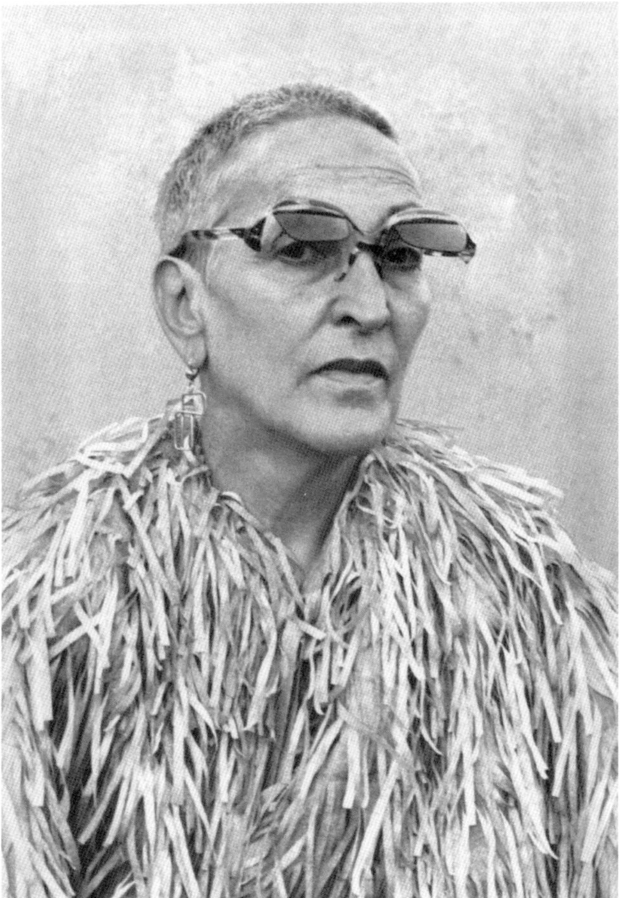

Meret Oppenheim mit einem Modell ihrer *Papierkleider-Kollektionen* und einer von ihr entworfenen Sonnenschutz-(Halb-)Brille, 1967

Papierkleider

Haben vor den »richtigen« Kleidern den Vorteil, billig zu sein. Man wirft sie nach kurzem Tragen weg. Bei »richtigen« Kleidern schaut man darauf, dass man sie oft anziehen kann, d. h. ein allzu extravagantes, extrem auffälliges Kleid kann man eigentlich nur einmal tragen. Darum sollte man aus Papier die extremsten Modelle machen. Ausserdem, und daneben sollte man aber ein Norm-Kleid, eine »Robe-fourreau« machen, die nur in uni-Farben, schwarz, weiss und in allen Farben, die Mode sind (oder 3-4), hergestellt wird ~~Wie Papiertaschentücher 10.-~~ Der Schnitt dieser Robe-fourreau wechselt höchstens jährlich, für diesen fourreau werden aber eine Unmenge Phantasie-accessoires hergestellt: Ärmel an Ketten (Plastik) aneinander gehängt (u. über den Kopf gestülpt).

Hänger, mit Schleifchen auf der Seite gebunden (diese flachen Teile mit ganz »dummen« Mustern bedruckt). Oder Material wie Gras hellgrün. Diese Hänger wären schöner über von oben bis unten durchgehendem Hosendress (solchen aus Papier?). Kurze oder lange Über-Jacken-Kasaks, Kimonos mit und ohne Ärmel; z. B. riesige orange-schwarze Formen – Blumen die nur untereinander durch Stiele oder Striche etc.

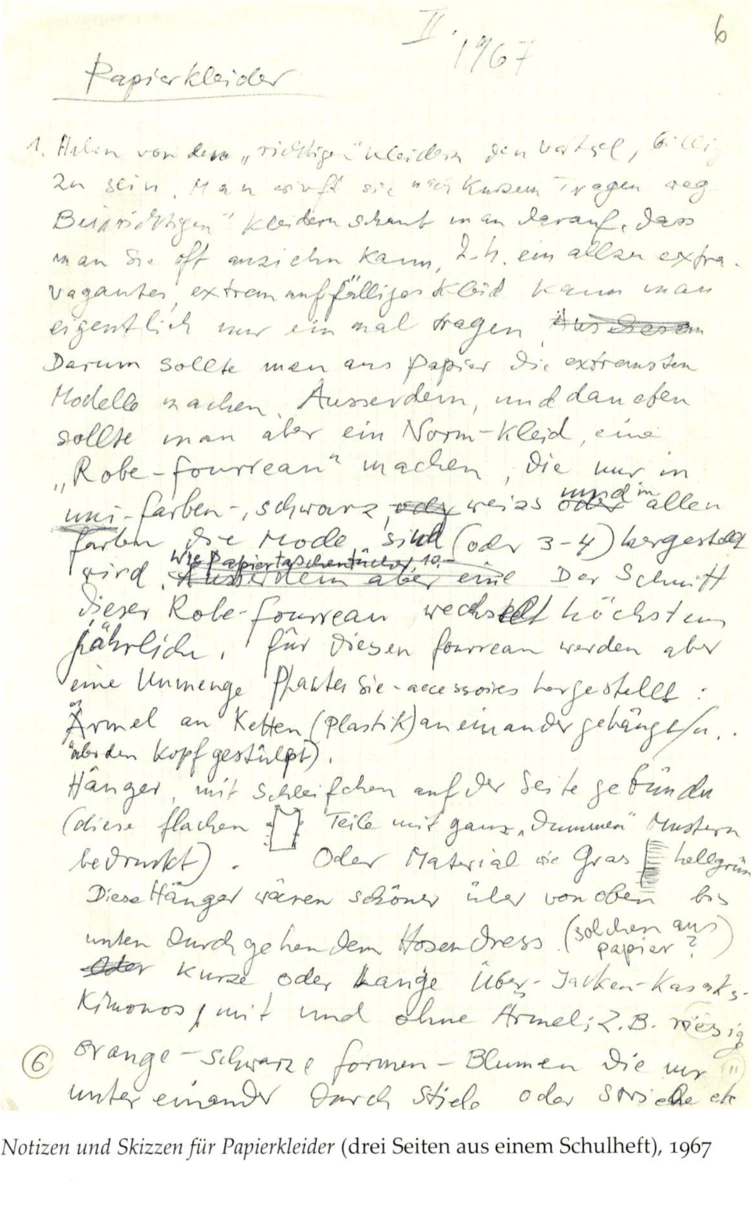

II. 1967 6

Papierkleider

1. Haben vor diesen „richtigen" Kleidern den Vorteil, billig zu sein. Man wirft sie nach kurzem Tragen weg. Beim „richtigen" Kleiderkauf schaut man darauf, dass man sie oft anziehen kann, z.B. ein allzu extravagantes, extrem auffälliges Kleid kann man eigentlich nur einmal tragen. ~~Aus diesem~~ Darum sollte man aus Papier die extremsten Modelle machen. Ausserdem, und daneben sollte man aber ein Norm-Kleid, eine „Robe-fourreau" machen, die nur in uni-farben-, schwarz, ~~oder~~ weiss ~~oder~~ und in allen Farben die Mode ~~sich~~ (oder 3-4) hergestellt wird. Wie Papiertaschentücher, 10.– ~~Ausserdem aber eine~~ Der Schnitt dieser Robe-fourreau wechselt höchstens jährlich. Für diesen fourreau werden aber eine Unmenge Plastik-accessoires hergestellt: Ärmel an Ketten (Plastik) aneinander gehängt u. über den Kopf gestülpt).
Hänger, mit Schleifchen auf der Seite gebunden (diese flachen Teile mit ganz „dummen" Mustern bedruckt). Oder Material wie Gras hellgrün. Diese Hänger wären schöner über von oben bis unten durchgehendem Hosendress (solchen aus Papier?) ~~Oder~~ kurze oder lange Über-Jacken-Kasaks-Kimonos, mit und ohne Ärmel; z.B. riesig
⑥ Orange-schwarze formen-Blumen die nur untereinander durch Stiele oder Striche etc

Notizen und Skizzen für Papierkleider (drei Seiten aus einem Schulheft), 1967

 verbunden sind. (Auch symmetr. od asymmetr. Ornament über das ganze, zu 2/3 durchsichtige Oberteil). Es wäre schöner, wenn dazwischen »nichts« wäre, aber das geht nicht weil man überall hängen bliebe. Also: verbunden mit feinem Gitter oder, besser ein glänzend transparentes Material

Über das Normkleid: Girlanden oder
Schlangen

Zusammenknöpfbare Kleider
zitronengelb
Knöpfe schwarz
Schwarz
Knöpfe dkl.grau
dkl.grau

Das gleiche Kleid, unten schwarz, dann dkl.grau, hell grau-weiss (nur Hals-Schulterpartie) und eingeknöpfte hell-zinnoberrote Ärmel.

Auch symetr. od. assymetr. Ornament über das ganze, zu 2/3 durchsichtige Oberteil

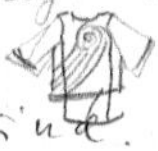

verbunden sind. Es wäre schöner wenn das zwischen „nichts" wäre aber das geht nicht weil man über all hängen bliebe. Also: verbunden mit feinem Gitter oder, besser ein glänzend transparentes Material

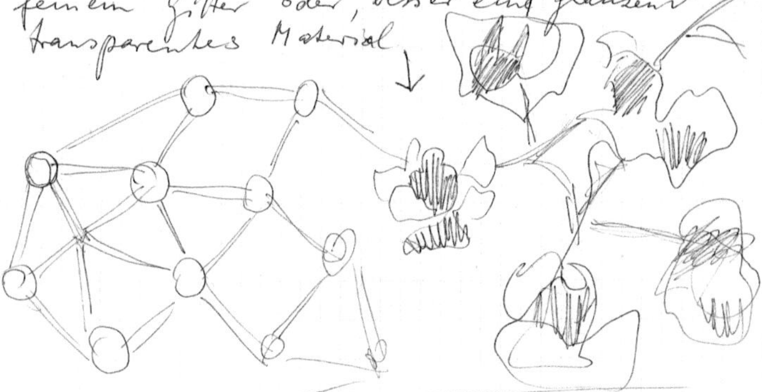

über das Normkleid: Girlanden oder Schlangen

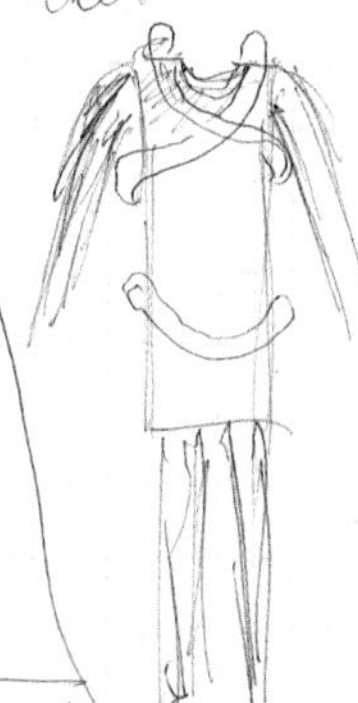

Zusammenknöpfbare Kleider

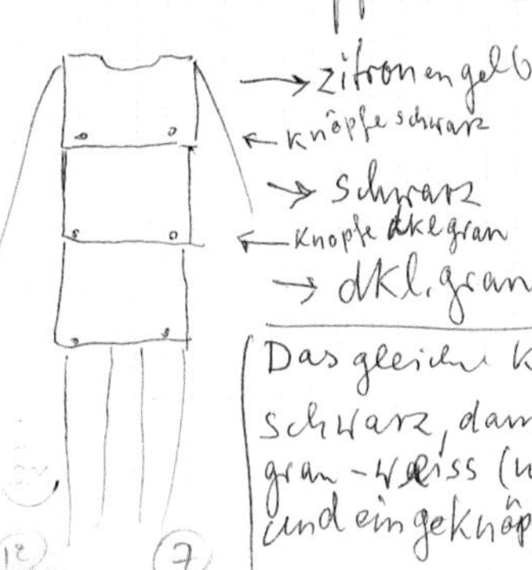

Das gleiche Kleid, unten schwarz, dann dklgrau, hell grau-weiss (nur Hals-Schulterpartie) und eingeknöpfte hell-zinnoberrote Ärmel

 Die einzelnen Teile dieser Knopfkleider können auch schmäler sein, so dass aus dem braven Minikleid »fürs Büro« ein Mini-Mini wird.

Weiter für über Normkleid: phantastische
Kragen, Capes, Spitzen-Ärmel

geprägte Muster farb. od. Ton in Ton
stark »lackiert« – Karussellpferd

Auf der Rückseite des Normkleider-Stoffes ein Centimeternetz, damit immer angegeben werden kann an welcher Stelle Knöpfe, Haken oder »Klebband« angebracht werden soll, für die Befestigung der Accessoires.

d'après Strasberg

Die einzelnen Teile dieser Knopf Kleider
können auch schmäler sein, so dass aus
dem braven Minikleid „fürs Büro" ein Mini-Mini
wird

Weiter für über Normkleid: phantastische
Kragen, Capes, spitzen in Ärmel

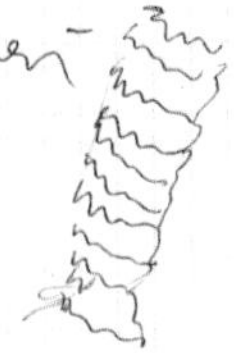

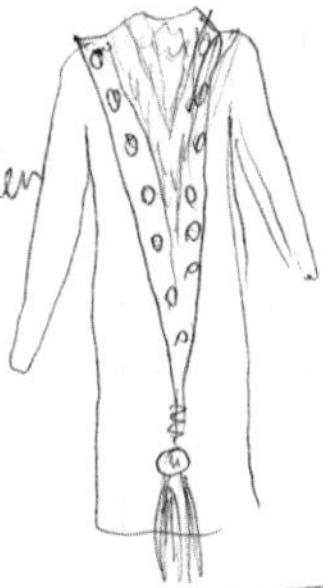

geprägte Muster farb. od. Ton in Ton
stark „lackiert" Karussellpferd

Auf der Rückseite des Normkleiderstoffes ein
Centimeternetz, damit immer ange-
geben werden kann an welcher Stelle Knöpfe
Haken oder „Klebband?" angebracht werden
soll, für die Bestimmung der Accessoires

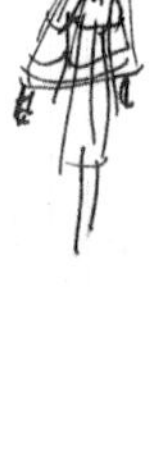

d'après
Svanberg

Ohne mich ohnehin ohne Weg kam ich dahin ohne Brot
ohne Atem aber mitnichten mitneffen mit Kaspar
mit Kuchen so rund war er etwas eckig zwar
aber ohne Grasbewuchs mit Narben mit Warzen mit Fingern
mit Stäben mit vielen O's und wenig W's
dafür mit ganz enorm viel wenig.
Oh falle du doch in dein Loch oh begrabe du dich doch selbst
und deine langatmige Hoffnung
gib deinem Ich einen Tritt deinem Es seinen Lohn
und was von dir übrig bleibt brate wie Fischlein im Öl
du kannst deine Schuhe abstreifen.

1969

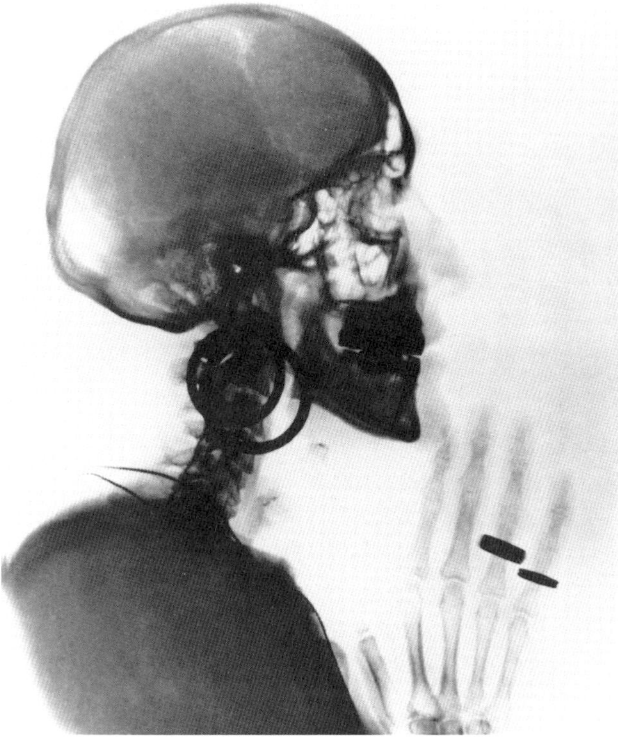

Selbstporträt, Röntgenaufnahme des Schädels von M. O., 1964

Nachwort
Maskeraden und Spiele der Verwandlung

Die Tatsache, dass ein Kunstwerk sich einer launigen Unterhaltung unter Freunden oder einer beiläufigen Beobachtung verdankt, wäre nicht weiter bemerkenswert. Selten aber ist die Entstehungsgeschichte eines Objekts von seiner Urheberin so nüchtern erzählt worden wie die des *Déjeuner en fourrure*, der legendären »Pelztasse« von Meret Oppenheim.
Als die Künstlerin im Frühsommer des Jahres 1936 mit ihren Freunden Dora Maar und Pablo Picasso im Pariser Café de Flore sitzt, trägt sie ein selbst entworfenes Armband, bestehend aus einem mit Ozelotfell ausgekleideten Metallring. Der extravagante Schmuck wird von den beiden bewundert, und Picasso wirft ein, da könne man ja noch vieles mit Pelz überziehen, worauf Meret Oppenheim erwidert: »Ja, auch diesen Teller und diese Tasse hier.«[1] Als man sie kurz darauf um einen Beitrag für eine Ausstellung der Surrealisten in der Galerie Cahiers d'Art bittet, setzt sie den Einfall in die Tat um und präsentiert dort das Pelzgedeck, bestehend aus einer Uniprix-Tasse samt Untertasse und dem Fell einer chinesischen Gazelle. Der Ankauf durch das New Yorker Museum of Modern Art erfolgte unverzüglich, und das Werk avancierte in der Kunstgeschichte des letzten Jahrhunderts

1 Meret Oppenheim, zit. in: *Imago – Meret Oppenheim*, Dokumentation (Filmbiographie) von Pamela Robertson-Pearce und Anselm Spoerri, 90 Min., Schweiz 1988.

nicht nur zu *dem* Anschauungsobjekt des Surrealismus, in seiner Abgewandtheit ist es das Sinnbild des träumenden Gegenstands *par excellence.*

Die neunzehnjährige Meret Oppenheim war 1932 nach Paris aufgebrochen und traf dort – durch Vermittlung des Schweizer Künstlers und Dichters Hans Arp – auf den Kreis der Surrealisten um André Breton, Max Ernst, Marcel Duchamp, Man Ray und Alberto Giacometti. Immer häufiger ist sie Gast bei den rituellen Zusammenkünften in den Stammcafés auf den Grands Boulevards, und man ermuntert sie, sich an den gemeinsamen Ausstellungen zu beteiligen. Es ist die Zeit prägender Begegnungen und gefährlicher Liebschaften. Die Nähe zu den Surrealisten bedeutet zunächst eine Bestätigung ihrer rebellischen Lebenshaltung und künstlerischen Spielfreude. »Ich erinnere mich sehr gern an die lebendige und ungehemmte Zeit mit ihren Maskeraden und Spielen der Verwandlung«, so Meret Oppenheim.[2] Auch wenn der Geist der Bewegung bis zum Schluss als Impuls in ihrem Schaffen lebendig blieb, die junge Autodidaktin hatte seinen explosiven Inhalten bereits eine entscheidende Drehung gegeben. Denn mit der fulminanten Geste der »Pelztasse«, mit der sie die Kunstwelt betrat, erfand sie für sich eine feinnervige, ihren künftigen Weg antizipierende Signatur. In ihr ist bereits Wesentliches enthalten: das Marginale, Improvisierte und Modellhafte

2 Ebd.

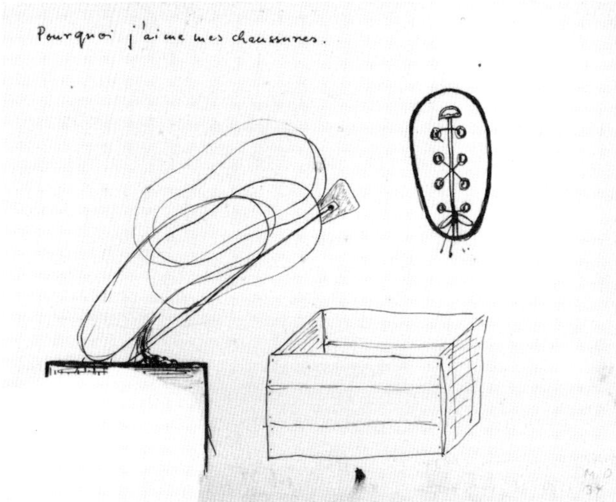

Warum ich meine Schuhe liebe, Zeichnung, 1934

ihrer Kunst, verbunden mit dem Bestreben, Identität abzugeben, loszuwerden.

Schon die Herleitung der »Pelztasse« aus einem Armreif deutet auf die Beiläufigkeit ihrer Werke und deren Entstehung. Es charakterisiert Meret Oppenheims Ideen-Kunst, dass sie sich aus spontan festgehaltenen Einfällen speist und nicht wie streng Erarbeitetes wirkt. Von der Attitüde der bewussten Zurückhaltung, die das nebenher Beobachtete ins Zentrum stellt, ist ihre Arbeit geprägt: Ihre eigentliche Leistung sah die Künstlerin in der Aufnahmebereitschaft, ihrer Wachsamkeit. Die Gleichwertigkeit aller ihrer künstlerischen Ausdrucksmittel setzte sie voraus, und sie machte keinen Unterschied zwischen der angewandten Kunst, ihren Entwürfen für Mode, Schmuck, Accessoires oder Möbel und dem bildnerischen Werk. Vielleicht hat ihre Technik des Kopierens, Imitierens, der Mimikry mit dieser Haltung zu tun. Im Fall der Pelztassen-Anekdote stellt sich die Frage, ob nicht das Objekt *das* Souvenir ist, mittels dessen sich Meret Oppenheim der Geschichte seiner Entstehung aus einem Pelzarmband (im Beisein von Picasso und Dora Maar) versicherte.

Am Pathos des Authentischen zeigte sich Meret Oppenheim desinteressiert, und ebenso wenig glaubte sie an das genialische Erfinden von Bildern. So nahm sie es gelassen, als sich André Breton den anspielungsreichen Namen »Déjeuner en fourrure« für ihr Objekt ausdachte, was zur Legendenbildung beitrug.

In der frühen Lyrik Meret Oppenheims[3] fiel das selbstvergessene Sprechen auf, die Pose der Rückschau haltenden Abwesenden, die ihre Stimme erhebt. Ihre Traumnotizen[4] offenbaren die stilistisch nüchterne, gleichmütige Behandlung des Biografischen und weisen sie als Komplizin des Traums aus. Auch ihre Bilder und plastischen Arbeiten hinterlassen den Eindruck, als seien sie nicht ganz mit sich identisch, durch zarte Bewegung, gering-

3 Meret Oppenheim, *Husch, husch, der schönste Vokal entleert sich, Gedichte, Prosa,* herausgegeben von Christiane Meyer-Thoss, Frankfurt am Main 2002.

4 Meret Oppenheim, *Träume. Aufzeichnungen 1928-1985,* herausgegeben von Christiane Meyer-Thoss, Berlin 2010.

fügige Verschiebung ausgelöst worden, einem Echo ähnlich. Es stellt sich das Gefühl von Verzögerung ein, die den Bildern gedanklich Raum gibt. Meret Oppenheims Schaffen führt die Fragmentierung einer Künstleridentität vor – als ironisches, bisweilen persiflierendes Spiel mit Identitäten: mit Zeitlichkeit, mit Stilassoziationen, mit der eigenen Körperlichkeit und seelischen Verfasstheit (»Das Innere ist nach außen zu kehren«). Ihr Zweifel an der Künstleridentität, dem Mit-sich-identisch-Sein des Künstlers spiegelt sich überall in ihrem Werk; Identität ist wandelbar und nicht mehr als ein Accessoire, das man austauschen und ablegen kann. Paradoxerweise versuchte Meret Oppenheim in der künstlerischen Aufbruchszeit des Surrealismus ausgerechnet über das Spiel mit den verschiedenen Identitäten und Gefühlswerten ein ganz eigenes Konzept für ihre Kunst zu entwickeln. Sie sei seitens der Surrealisten als Künstlerin entdeckt worden und nicht umgekehrt, wird sie später betonen.[5] Doch das Disparate ihrer frühen Arbeiten, deren strukturelle Zerstreutheit, bedurfte noch der Bestätigung und Bekräftigung durch ihre eigene Künstlerbiografie, in dem sich Ende der fünfziger Jahre allmählich entfaltenden Werk. Dennoch kann man den Eindruck gewinnen, dass Oppenheim in frühen Jahren ein kontinuierliches Künstlerleben antizipiert und bereits mit Erinnerungen an die Zukunft beschäftigt ist. Nicht we-

5 Oppenheim, 1988 (s. Anm. 1).

 nige ihrer Entwürfe haben vielleicht deshalb, nicht anders als die »Pelztasse«, diesen verblüffenden Charakter von Souvenirs.

In der Zeit häufiger Besuche Meret Oppenheims im Atelier von Alberto Giacometti entsteht 1933, als Echo ihrer »stillen Gemeinsamkeit«,[6] die Bleistiftzeichnung *Das Ohr von Giacometti*. »Ich saß neben Giacometti im Café und schaute sein Ohr an. Und dann sah ich, das ist ja ein Händchen, aus dem zwei Pflanzen entsprießen. Zuhause habe ich eine Zeichnung gemacht.«[7] Meret Oppenheim zeichnet das Ohr als losgelöstes Körperfragment, als gotisierendes Fenster – eine Art Fassadenschmuck. Viel später wird die Skizze als Vorlage dienen: Oppenheim modelliert ein Ohr in Wachs, das schließlich 1959 in Bronze gegossen und später als Multiple aufgelegt wird. Aus der kleinen Plastik ist selbst ein Schmuckstück mit Fetischcharakter geworden, ein Souvenir des unerreichbaren Künstlers, in den sie kurze Zeit unerwidert verliebt ist.

Ein direkter Zusammenhang mit einem der schönsten Schmuckentwürfe Meret Oppenheims liegt auf der Hand: *Der Entwurf für Ohrschmuck* (1942), ein goldenes Vogelnest mit Vogelei aus gesprenkelter Emaille, macht das menschliche Ohr zur Behausung und Brutstelle von Tieren.

6 Ebd.

7 Ebd.

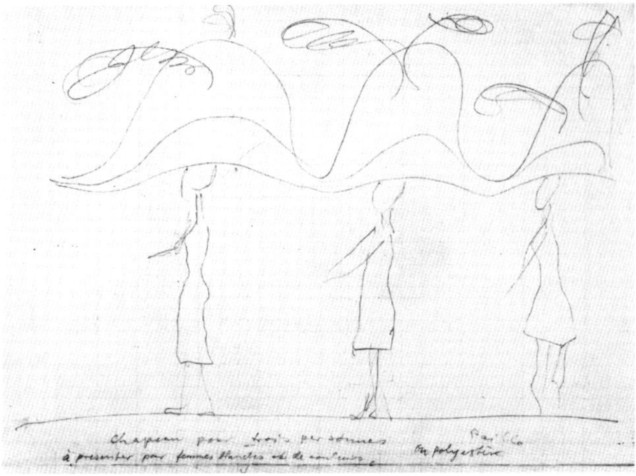

Chapeau pour trois personnes, Skizze, zwischen 1936 und 1942

Den »Gefühlscharakter von Souvenirs«[8] offenbaren noch andere Werke und Entwurfsskizzen für Plastiken aus der frühen Zeit, deren Umsetzung dann erst in späteren Jahren erfolgte. Zeitgleich mit dem Ohr von Giacometti entsteht eine Arbeit, bei der ebenfalls ein Körperteil zum Schmuckfetisch wird. Das zierliche *Modell für Ur-*

8 Der persönliche Stil der Werke Meret Oppenheims sei, so Reinhold Hohl, ihr »Gefühlscharakter von Souvenirs, die sie von Reisen in andere, auch mögliche Welten, eingebracht hat«. In: Ders., »Auch eine Naturforscherin. Zur Übergabe des Basler Kunstpreises an Meret Oppenheim«, *National-Zeitung,* Basel, 18. Juni 1975.

 zeitvenus[9] aus Gips (1933 und 1962) ist eine ironisierende Verehrung der weiblichen Vulva, die sich Meret Oppenheim analog zu den ägyptischen Pyramiden als begehbar vorstellt. Mit dem zuvor skizzierten *Grundriß eines Mädchens* (später umbenannt in *Grundriß für Urzeitvenus*) hatte sie eine technische Planskizze für die mögliche architektonische Realisierung simuliert. Imaginiert die zwanzigjährige Meret Oppenheim bereits eine Archäologie der eigenen Person, des eigenen Körpers, der noch freizulegen und zu erforschen ist?

Die sich verdüsternde Stimmung der Vorkriegsjahre prägte die Gemälde und Gedichte Meret Oppenheims. Die subtilen, teils makabren Entwürfe für Mode, Schmuck und unterschiedliche Accessoires (die Knochen und Skelett-Muster etwa) erscheinen wie unsentimentale, spöttelnde Kommentierungen der heraufziehenden Bedrohung durch Krieg, Zerstörung und Tod. Mit Ideenreichtum und handwerklichem Ernst geht Meret Oppenheim in ihren Skizzen zur Sache, handschriftliche Erläuterungen beifügend. Einzig die exzentrische Modeschöpferin Elsa Schiaparelli kauft der Künstlerin einen pelzbesetzten Armreif und Fingerring – das von Meret Oppenheim so genannte Vorläuferensemble der »Pelz-

9 Im Brief von Meret Oppenheim an ihre Mutter Eva Oppenheim-Wenger (26.3.1933) ist »eine kleine Plastik« erwähnt. Weiter heißt es: »Ich habe die Frau ausgeführt.« Oppenheims Bemerkungen beziehen sich auf das später *Modell für Urzeitvenus* genannte Werk. Im vorliegenden Band auf S. 18 f.

tasse« – für eine lächerlich geringe Summe ab. »Ja, ich habe die Pelzringe verkauft, allerdings als Armbänder (Nicht dass die Pariserinnen so dünne Aermchen hätten, sondern ich habe die Ringe vergrössert.) Aber leider nicht ›en stok‹ (sic) wie die letzten, sondern vorläufig zwei, u. wenn sie verkauft werden, muss ich erst neue machen. Ich verkaufe sie für 75 frs, also etwa 45 frs Reingewinn. Das ist natürlich viel, aber ›avec ça je n'ai pas mangé‹, u. deshalb muss ich so schnell wie möglich etwas neues finden.«[10]

Die kurzen Briefbotschaften, die sie 1933-35 aus Paris an ihre Mutter sendet, geben eine Ahnung von der prekären Lebens- und Arbeitssituation der Künstlerin zu dieser Zeit. Mit den Entwürfen versucht sie verzweifelt, ihre Einkünfte aufzubessern. Aufgrund seines jüdischen Namens musste Meret Oppenheims Vater seine Arztpraxis in Deutschland aufgeben und die finanzielle Unterstützung für die Tochter weitgehend einstellen. – Die Idee des Pelzüberzugs hat sie in ihren Entwürfen für Fellhandschuhe und -sandalen (1936) noch weiterverfolgt. Die Fellhandschuhe wurden ausgeführt und durch den Einsatz hölzerner Fingerprothesen mit rot lackierten Nägeln, die vorne aus dem Fell herausschauen, zum Kunstobjekt mit erotischen Konnotationen.

10 Brief von Meret Oppenheim an Eva Oppenheim-Wenger (24.9.1935), hier auf S. 12.

 Das Röntgenauge Meret Oppenheims projiziert für ein Paar Damenhandschuhe in variierenden Entwürfen ein schablonenhaftes Knochenskelett (1936) oder ein hellrot und blau paspeliertes Adergeflecht als schmückendes Accessoire auf den Handrücken der Trägerin (Entwürfe 1942-45, ausgeführt 1984). Skizzen zeigen ein Halsband aus elfenbeinernen Knochen an einer Goldschnur und eines aus Puppenbeinen mit blauen Kniestrümpfen (1934-36). Den Verschluss eines Gürtels soll man sich als zwei aneinandergefesselte Handgelenke eines Mädchens (oder zweier Mädchen) vorstellen (undatiert). Ein eingedeckter Tisch mit Speisen auf den Tellern *en miniature* wird zur Brosche (undatiert). Auch die Skizzen für die Abendrobe *Robe simple, Robe de dîner* und das detaillierte Muster für eine Knopfleiste aus weißen Tellern und Besteck, mit Goldfaden auf schwarzem Samt aufgestickt (1942-45), spielen mit der Assoziation des weiblichen Körpers als gedeckter Tafel. Diese Idee vom Körper als Tisch oder Landschaft (wie bei *Urzeitvenus*) hat Meret Oppenheim vielfach variiert – so auch bei einem privat für Freunde in Bern zelebrierten *Frühlingsfest*[11] (1959), bei welchem das Nachtessen auf dem nackten, mit Goldlamé und frisch gepflückten Wald-

11 Meret Oppenheim hat sowohl die akribischen Vorbereitungen für ihr *Frühlingsfest* (Bern, 1959) als auch seine spätere Wiederholung als surreales Happening *Festin* (Paris, 1959) ausführlich beschrieben; abgedruckt in: Oppenheim, *Husch, husch, der schönste Vokal entleert sich* (s. Anm. 3), S. 127-133.

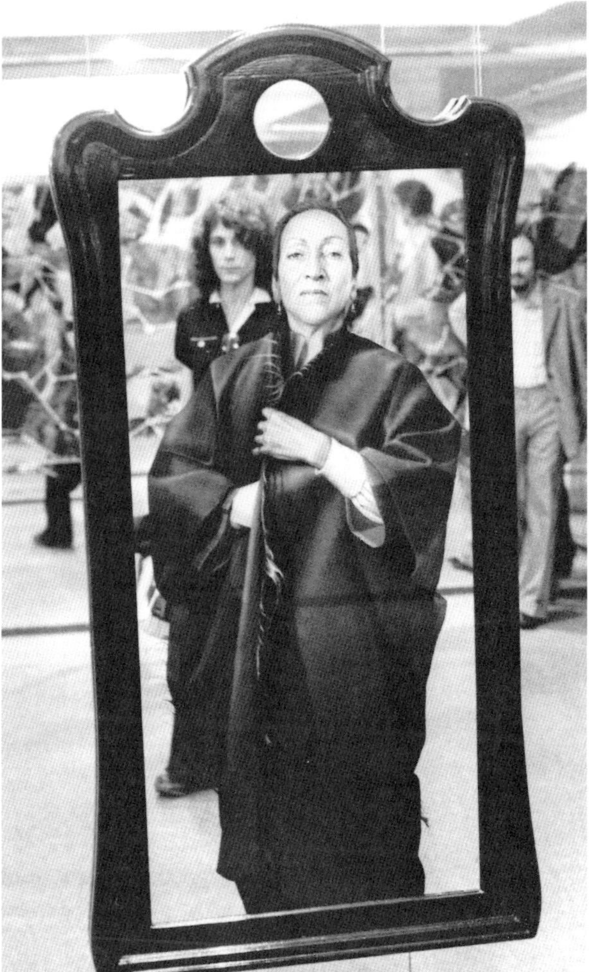

Meret Oppenheim im Affenhaarmantel (Innenfutter), um 1980

anemonen geschmückten Körper einer jungen Frau bereitet und eingenommen wurde. In der Bleistiftzeichnung *Love* (1962) scheinen zwei ineinander versunkene Frauenkörper zu einem Wesen aus Tisch und veränderlicher Landschaft zu werden.

»Shawl aus falschen Haaren mit eingearbeiteten farbigen Schleifchen«, notiert Meret Oppenheim 1938 auf einer Skizze. Der Schmuckstein eines Fingerrings ist ein Stück Würfelzucker in handelsüblicher Größe (1936-37); Hüte und Mützen bekommen die Form von Butterdosen, Serviertellern oder sind von einem Strahlenkranz (»beret avec auréole«) gekrönt (1934-36). Virtuosität und handwerkliche Finesse zeichnen besonders ihre zahlreichen Knopfentwürfe aus. Meret Oppenheims »tender buttons«[12] enthalten neben den Skizzen handschriftlich ergänzte Materialangaben, die sich lesen wie lyrische Gebrauchsanweisungen: »Kieselsteine (poliert)«, »gedrechseltes Holz«, »Sterne aus Stroh. (Rand Seide)«, »Marmor, eben od. gewölbt, in Messingfassung (od. Silber)«, »Stoffknöpfe aus Samt mit Vogelaugen (oder Tierauge)« und »Händchen aus Holz oder Porzellan, die ins Knopfloch greifen«. In einer *Skizze für einen Anhänger* (aus transparentem Material mit Bambuszweig und »Fisch«) (1937) blitzt ihr ausgeprägtes Vergnügen am Mimikry-Gedanken auf. Im Innern des kleinen, durch-

12 Anspielung auf den Titel von Gertrude Stein, *Tender Buttons (Zarte Knöpfe), Prosagedichte,* Frankfurt am Main 1979.

sichtigen Kästchens ist ein Miniatur-Stillleben eingeschlossen. Der »Fisch« sei durch »die Zange eines Hirschkäfers« darzustellen, erläutert Oppenheim.

Die Lektüre von Elsa Triolets Erinnerungen *Colliers de Paris*[13] lässt ahnen, welcher Anstrengungen es bedurfte, um mit den Entwürfen auch nur bescheidenen kommerziellen Erfolg in der umworbenen Branche der Haute Couture zu erzielen. »Ich erfand Ketten aus Schnee und Träumen«,[14] schreibt die mit Louis Aragon verheiratete Schriftstellerin und ausgebildete Architektin. Das waren Ketten aus Roßhaar, die fast nichts wogen – ihr Federgewicht faszinierte Elsa Schiaparelli. Sie war es auch, die Triolet den Auftrag erteilte, ihr »Modell No. 3« aus aufgefädelten Porzellanpastillen, getauft »Aspirintabletten-Modell«, in größerer Stückzahl herzustellen. Doch hatte die sich zäh durchbeißende Schriftstellerin mit dem Sinn fürs Praktikable und Realisierbare sich zuvor an harte Kritik und Ablehnung gewöhnen müssen. »Man könnte meinen, die Ketten seien Trauerkränze, und diese da Gebeine. Warum ist Ihre Kollektion so duster?«[15]

Meret Oppenheims Entwurfsskizzen jedenfalls träumen von ihrer Ausführung. Und trotz ihrer Leichtigkeit und Verspieltheit zielen sie ganz direkt auf die Existenz. Nicht

13 Elsa Triolet, *Colliers de Paris*, Übersetzung und Nachwort von Susanne Nadolny, Dortmund 1999. (Der Text erschien 1932 in Auszügen, zunächst auf Russisch.)

14 Ebd., S. 112.

15 Ebd., S. 72.

 Eleganz und Schönheit der Kleidung im Sinne des erotischen Blickfangs ist beabsichtigt – im Gegenteil: Für Meret Oppenheim steht das Äußerliche des weiblichen Körpers im Zentrum ihrer Wahrnehmung, die von Lakonie und Ungerührtheit gezeichnet ist. Ihre Entwürfe abstrahieren vom Körper der Trägerin, indem sie ihn verschwinden lassen. Oppenheim macht die Frauen zu lebenden Bildern, zu Ideenträgern. Als wolle sie – in gewohnt spöttischer Manier – die Tragbarkeit ihrer Ideen prüfen.

So manche Kostümidee Meret Oppenheims ist als Karnevalsstreich denkbar. Das erstaunt nicht, denn die Künstlerin war mit der populären Form des Verkleidungsspiels bei der Basler Fasnacht seit Kindertagen eng verbunden. »Das Meretlein auf dem Totenbett« war eine ihrer Maskeraden Ende der fünfziger Jahre, bei der Meret Oppenheim das eigene, »leichenblaß geschminkte Totenköpfchen auf einem hinterm Kopf festgebundenen Kissen«[16] spazieren führte. Für die Künstlerin war das unbeugsame, anmutige Hexenkind aus Gottfried Kellers Roman *Der grüne Heinrich*[17] immer wieder Anlass für ironische Verknüpfungen mit der eigenen Existenz, was in anspielungsreichen Performances auch in der Kunstwelt übermütig ausgelebt wurde. Beim Künstlerfest zur Verabschiedung des Direktors der Berner

16 Zitiert aus persönlichen Gesprächsprotokollen (1984) von Christiane Meyer-Thoss.

17 Gottfried Keller, *Der grüne Heinrich*, Frankfurt am Main 1980.

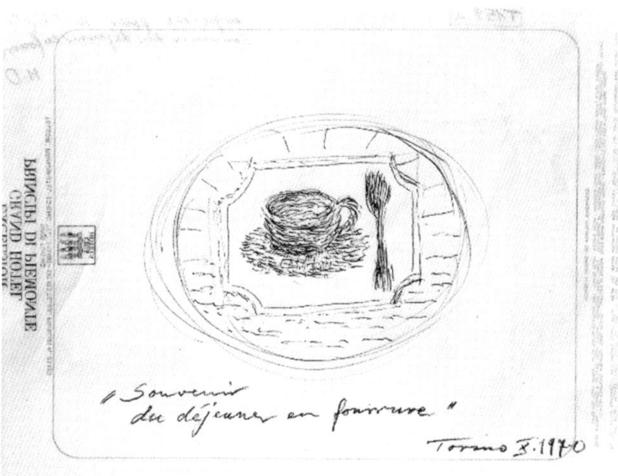

Souvenir de déjeuner en fourrure, Skizze, 1970

Kunsthalle, Arnold Rüdlinger, trat Meret Oppenheim als Grabstein des Meretlein aus Kellers Text auf. Ihr Gewand bestand aus oxydiertem Brokat, ihr Gesicht schimmerte metallisch grün, und als Schmuck trug sie blecherne Efeuranken vom Friedhof.[18] Es entsprach Oppenheims Naturell, sich nach ihrer Jahre anhaltenden Schaffenskrise 1954 mit dieser Kostümierung als wandelnde »Scheintote« in der Kunstwelt zurückzumelden. Im Buch verfügt das Mädchen über magische Kräfte und schafft es sogar, aus dem Tod zu erwachen.

18 Siehe: Bice Curiger, *Meret Oppenheim – Spuren durchstandener Freiheit,* Monographie und Werkverzeichnis, Zürich 1982, S. 261.

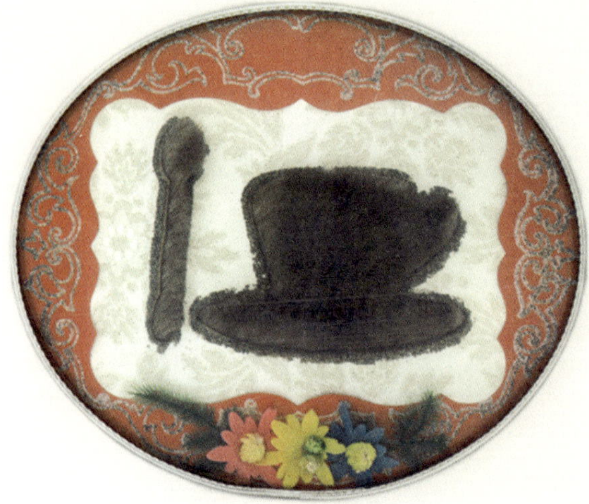

Souvenir de déjeuner en fourrure, 1970

Kaum jemand sei von seinem Namen stärker geprägt worden, hatte Rüdlinger befunden und zum besseren Verständnis der Künstlerin die Lektüre des *Grünen Heinrich* nachdrücklich empfohlen.
In einer ungewöhnlichen und die Thematik geradezu resümierenden Arbeit von 1964 zeigt Meret Oppenheim, wie untrennbar Schmuckentwurf und Selbstbild zusammengehören. Auf ihrer *Röntgenaufnahme des Schädels von M.O.* im Profil, mit erhobener rechter Hand, wird der durchleuchtete Kopf der Künstlerin zum Totenschädel. Die Konturen des Kopfes sind fast nicht mehr sichtbar,

dafür fallen die Ohr- und Fingerringe sowie die Halskette als Vanitas-Attribute besonders ins Auge. Der Röntgenblick lässt die Knochen der Künstlerin und die Fremdkörper des Schmucks miteinander verwachsen.
À propos Souvenir: Das Ansinnen eines italienischen Galeristen, ein Multiple der »Pelztasse« herzustellen, beantwortete Meret Oppenheim 1970 mit einem Kitschobjekt, dem *Souvenir de déjeuner en fourrure* (»Andenken an das Pelzfrühstück«) – ein heiterer Kommentar zum überlebten »Pelztassen-Ruhm«. Der Wandschmuck aus Pelzimitat und falschem Edelweiß unter bombiertem Glas unterstreicht nochmals den Unterhaltungswert des Objekts und seine Beiläufigkeit auch innerhalb von Oppenheims Œuvre. Doch des Übermuts nicht genug – Meret Oppenheim entwarf Ende der siebziger Jahre eine Einladungskarte[19] zu einer Ausstellung in einer New Yorker Galerie, die das Sujet wiederum aufgreift. Als Anhang war ein mit billigem Kunstpelz bezogener Ring vorgesehen – eine Erinnerung an die Entstehungsgeschichte einer Ikone der Moderne als Take-away-Objekt.

Christiane Meyer-Thoss

19 Einladungskarte zur Ausstellung *Meret Oppenheim – Selected Works*, Eugenia Cucalòn Gallery, New York, 1977; M.O. verzichtete schließlich auf den angehängten Pelzring, da die Umsetzung der Idee sich als zu aufwendig erwies.

Inhalt

Seite 2
Meret Oppenheim, um 1958

Seite 7
Entwurf für Halsband, 1934-36
Bleistift, Tinte und Aquarell auf Papier, 16 x 13,5 cm

Seite 8
Von Beeren nährt man sich, aus: Meret Oppenheim, *Husch, husch, der schönste Vokal entleert sich*, Gedichte, Suhrkamp 2002, Seite 23

Seite 9
Entwurf für Cape, um 1936

Seite 10
Das Ohr von Giacometti, Zeichnung, 1933
Feder, Sepiatinte auf Papier, 27 x 21,5 cm

Seite 11
Das Ohr von Giacometti, Objekt, 1959
Bronze, 11 x 7,5 x 1,5 cm

Seite 12 f.
Paris, 24.9.1935, Brief von Meret Oppenheim an ihre Mutter, Eva Oppenheim-Wenger

Seite 15
Skizzen und Notizen für Ringe und Armreifen, 1935
Tusche, Tinte und Bleistift, Leder- und Pelzmuster auf Papier, 21,9 x 16,9 cm

Seite 16
Sansibar, aus: M. O., *Husch, husch*, Seite 19

Seite 17
Déjeuner en fourrure, Objekt, 1936
Tasse und Teller aus Porzellan sowie ein Löffel, alles mit einem dünnen Pelz überzogen (aufgeklebt), Tasse 11 cm, Teller 24 cm, Löffel 20 cm lang
Foto: Dora Maar

Seite 18-21
Paris, 26.3.33, Brief von M. O. an Eva Oppenheim-Wenger

Seite 20
Fingerring, 1978
Modell. Messing, Pelz, 2,5 x 2,5 cm

Seite 22
Entwurf für Handschuhe, 1936
(ausgeführt) Bleistift, Tusche und Aquarell auf Papier, ca. 18,5 x 27,3 cm

Seite 23
Pelzhandschuhe mit Holzfingern, 1936

Seite 24
Paris, im Juli 1935, Brief von M. O. an Eva Oppenheim-Wenger

Seite 25
Skizze für Sandale mit Pelz, 1936
Bleistift, Aquarell, 18,5 x 27,3 cm

Seite 26 f.
23.V.34, Brief von M. O. an Eva Oppenheim-Wenger

Seite 28
Grundriß für »Urzeitvenus«, Skizze 1933
Feder, Sepiatinte, 23 x 31,5 cm

Seite 29
Modell für »Urzeitvenus«, 1962
Gips, Ölfarbe, 11,5 x 6,5 x 4,5 cm (Urmodell von 1933 verschollen, später größer ausgeführt)

Seite 30
Entwurf für ein Halsband, 1934-36
Tusche und Gouache auf Papier, 19,4 x 20,3 cm

Seite 31
Entwurf für Ohrschmuck (vergoldetes Vogelnest, Ei aus Emaille), 1942
Bleistift und Aquarell auf Papier, 22,1 x 16,8 cm

Seite 32
Entwurf für Handschuhe mit Adern, 1942-45
Bleistift auf Papier, 19 x 11 cm
(Die Idee für diese Handschuhe ließ M. O. für die Luxusausgabe der Zeitschrift »Parkett« Nr. 4/1985 ausführen.)

Seite 33
Schablone für weiße Knochenhand auf schwarzem Lederhandschuh, 1936
Collage, ausgeschnittenes Papier, 34 x 24,8 cm

Seite 35
Skizzen für Handschuhe und andere Accessoires, ohne Datum
Bleistift auf Papier, 20,9 x 15,3 cm

Seite 37
Entwürfe für Gürtel, Schuhe und Hüte, 1934-36
Tinte und Tusche auf Papier, 29,7 x 20,8 cm

Seite 38
Robe simple, Robe de dîner, Skizzen, 1942-45
Bleistift auf Papier, 29,7 x 20,8 cm

Seite 39
Knöpfe für eine Abendjacke (Besteck mit Goldfaden gestickt), 1942-45
Gouache auf Filzpapier, 28,9 x 16,8 cm

Seite 41
Skizzen für Knöpfe, ohne Datum
Bleistift auf Papier, 38,4 x 27 cm

Seite 43
Entwürfe für Knöpfe, ohne Datum
Tusche und Bleistift auf Papier, 29,7 x 21 cm

Seite 44
Oh große Ränder an meiner Zukunft Hut!, aus: M.O., *Husch, husch*, Seite 57

Seite 45
Entwurf für einen Gürtel, ohne Datum
Collage, Tusche und Gouache auf Papier, 8,4 x 14,9 cm

Seite 46
Skizze für einen Anhänger (aus transparentem Material, mit Bambuszweig und »Fisch«), 1937
Bleistift auf Papier, 27 x 20,9 cm

Seite 47
Entwurf für eine Brosche, ohne Datum
Tusche, Blei- und Farbstift auf Papier, 17,4 x 21,2 cm

Seite 49
Entwürfe für Accessoires, 1936-37
Tinte, Tusche und Bleistift auf Papier, 29,7 x 20,8 cm

Seite 50
Am Anfang ist das Ende, aus: M. O., *Husch, husch,* Seite 85

Seite 51
Entwurf für ein Seidencarré, um 1936
Gouache und Bleistift auf Papier, 30,5 x 24,3 cm

Seite 53
Kostümentwürfe, um 1942
Bleistift auf Papier, 29,7 x 20,8 cm

Seite 55
Entwürfe für Cape, Hut und Varieté-Damenwäsche, um 1942
Blei- und Farbstift auf Papier, 29,7 x 20,8 cm

Seite 56
Kacherache, panache, aus: M.O., *Husch, husch,* Seite 11

Seite 57
Love, Bleistiftzeichnung, 1962
Bleistift auf Papier, 30 x 38 cm

Seite 58
(Briefwechsel mit der Feldmühle AG, Düsseldorf. – Der schriftliche Nachlass von M. O. befindet sich in der Schweizerischen Nationalbibliothek, Bern, Graphische Sammlung.)

Seite 59
Meret Oppenheim mit einem Modell ihrer *Papierkleider-Kollektionen* und einer von ihr entworfenen Sonnenschutz-(Halb-) Brille, 1967
Foto: Claude Lê-Anh

Seite 61, 63, 65
Notizen und Skizzen für Papierkleider (drei Seiten aus einem Schulheft), 1967
Alle Seiten Kugelschreiber, Bleistift und Tinte auf Papier, 29,7 x 20,8 cm

Seite 66
Ohne mich ohnehin ohne Weg kam ich dahin ohne Brot, aus: M. O., *Husch, husch*, Seite 83

Seite 67
Selbstporträt, Röntgenaufnahme des Schädels von M. O., 1964
Foto, 25,5 x 20,5 cm

Seite 73
Warum ich meine Schuhe liebe, Zeichnung, 1934
Tusche, 21 x 27 cm

Seite 77
*Chapeau pour trois personnes (*à presenter par femmes blanches et de couleurs), Skizze, zwischen 1936 und 1942
Bleistift auf Papier, 29,7 x 20,8 cm

Seite 81
Meret Oppenheim, um 1978
Foto: Archiv Christiane Meyer-Thoss, Frankfurt/M.

Seite 85
Souvenir de déjeuner en fourrure, Skizze, 1970
Kugelschreiber auf Papier, 17,5 x 25 cm

Seite 86
Souvenir de déjeuner en fourrure, 1970
Multiple: Tasse und Löffel aus Pelzimitat, auf Damastimitation unter ovalem, bombiertem Glas, 20 x 17 x 5 cm

Die Herausgeberin verweist an dieser Stelle auf das ebenfalls von ihr herausgegebene *Buch der Ideen*, das erstmals die angewandte Kunst Meret Oppenheims im Zusammenhang mit ihrem bildnerischen Werk präsentierte und auf umfassenden Recherchen im Nachlass der Künstlerin beruht: Verlag Gachnang & Springer, Bern – Berlin, 1996.

Soweit nicht anders bezeichnet, wurden Werkaufnahmen von den Fotografen Roland Aellig und Albert Winkler (Bern) wiedergegeben.
Herausgeberin und Verlag danken Lisa Wenger und Martin Bühler (stellvertretend für die Erbengemeinschaft Meret Oppenheim) sowie der Graphischen Sammlung der Schweizerischen Nationalbibliothek in Bern, dem Kunstmuseum Bern (Meret Oppenheim-Œuvre-Katalog) und der Levy Galerie, Hamburg.

 Bezugspapier mit einem Motiv von Meret Oppenheim: *Entwurf für Halsband,* 1934-36. © VG Bild-Kunst, Bonn 2023. Gesetzt in der Schrift Palatino. Gedruckt auf holzfreies, alterungsbeständiges Werkdruckpapier der Firma LENK Paper Schleipen GmbH, Bad Dürkheim, von der Memminger Medien-Centrum AG, Memmingen. Gebunden in Fadenheftung von der Josef Spinner Großbuchbinderei GmbH, Ottersweier. Dieses Buch wurde klimaneutral produziert: climatepartner.com/14438-2110-1001. Printed in Germany. Erste Auflage 2013. ISBN 978-3-458-19374-6.

www.insel-verlag.de